本书为2013年湖北省教育厅人文社会科学研究项目《普通高等职业院校中礼乐课程的设置研究》（课题编号：13g562）研究成果

礼乐鉴赏与表演教程

编著　匡雅玲
参编　陈培成　贺汪波　杜　群

武汉大学出版社

图书在版编目(CIP)数据

礼乐鉴赏与表演教程/匡雅玲编著.—武汉:武汉大学出版社,2016.8
(2019.8重印)

ISBN 978-7-307-18015-4

I.礼… Ⅱ.匡… Ⅲ.礼乐—中国—高等职业教育—教材　Ⅳ.K892.9

中国版本图书馆 CIP 数据核字(2016)第 122294 号

封面图片为上海富昱特授权使用(© IMAGEMORE Co., Ltd.)

责任编辑:胡程立　　　责任校对:汪欣怡　　　版式设计:马　佳

出版发行:**武汉大学出版社**　　(430072　武昌　珞珈山)
　　　　　　(电子邮箱:cbs22@whu.edu.cn 网址:www.wdp.com.cn)
印刷:武汉鑫佳捷印务有限公司
开本:787×1092　1/16　印张:5.5　字数:124 千字　插页:1
版次:2016 年 8 月第 1 版　　2019 年 8 月第 2 次印刷
ISBN 978-7-307-18015-4　　定价:25.00 元

版权所有,不得翻印;凡购买我社的图书,如有质量问题,请与当地图书销售部门联系调换。

前　言

　　古往今来中外哲人从孔子到蔡元培、陶行知，从柏拉图到卢梭、习勒，还有诸多思想家、音乐美学家，分别对音乐与时代、社会，音乐与国家、民族，音乐与人生、品性的关系都有过科学论述。在孔子看来，"礼"是社会秩序、行为规范的外在形式，而"乐"是"礼"的具体体现，他主张"以礼修身，以乐化性"，"以礼铸人，以乐邦国"。2011年我国最新颁发的《音乐教育课程标准》里，也将音乐教育的性质归为"三性"，即人文性、审美性、实践性，并将"以审美为核心"等内容确立为实现课程性质、价值的基本理念，其目的在于"培育学生美好的情操，健全人格"，"以美育人"。新课标的颁布，引发了人们对音乐教育基本理念、体系、方法、实施途径等一系列相关问题的探讨。如何运用有特色的音乐教育手段，达到陶冶性情、健全人格、启迪智慧，传承民族优秀文化，全面提升学生素质的目的，是社会各界所关心的问题。

　　在高等职业院校开设"礼乐"课程，就是要将"礼乐"这种古代音乐艺术形式引进课堂，用那些节奏和谐、内容健康的"德音雅乐"，从内心来扶正学生的性情，使得他们修身养性的功力，逐步由内而外，由浅进入深层次和高境界，在学习和感受音乐的过程中，提高学生内在的修养，达到修身完善的目的。"礼乐"这种古代音乐艺术形式的引用，还具有增强学生民族自豪感和民族凝聚力的作用。

目　　录

第一章　概论 ·· 1
　第一节　礼乐概述 ·· 1
　第二节　礼乐研究的对象及学习的内容 ··························· 2
　第三节　礼乐学习的必要性及方法 ·································· 4

第二章　音乐欣赏的基础知识 ··· 6
　第一节　音乐语言的内部结构 ·· 6
　第二节　音乐语言的特殊性 ·· 17
　第三节　如何欣赏音乐 ··· 19

第三章　歌唱艺术 ·· 22
　第一节　嗓音保护 ··· 22
　第二节　歌唱器官的构造 ··· 24
　第三节　歌唱发声要领 ·· 25

第四章　舞蹈表演 ·· 43
　第一节　舞蹈的定义及特点 ·· 43
　第二节　舞蹈基本动作与技能训练 ································· 43

第五章　舞台表演 ·· 54
　第一节　松弛与控制 ·· 54
　第二节　交流与适应 ·· 57
　第三节　判断与节奏 ·· 59
　第四节　想象力训练 ·· 63
　第五节　即兴歌舞表演 ·· 66

第六章　吟咏 ··· 69
　第一节　吟咏的概述及意义 ·· 69
　第二节　吟咏中四声的处理 ·· 72

第三节　吟咏中的节奏 ………………………………………… 75
　　第四节　吟咏中的歌唱技巧运用 ……………………………… 78

参考文献 ………………………………………………………………… 83

第一章 概 论

第一节 礼乐概述

礼乐是中国古代文明的重要组成部分。礼就是指各种礼节规范，乐则包括音乐、舞蹈和诗歌。礼乐的起源与人类文明的演进是同步的。

儒家文化是中国的母体文化，"礼乐"是儒家文化的核心价值观，它的形成是以天地自然和谐，代表"乐"的精神；天地自然有序，代表"礼"的精神为背景的。"和谐"（乐），所以万物都能化生。"有序"（礼），所以万物能各具特性。由此可以看出"乐"是形成于"天"的阳刚之气。而"礼"则是由"地"的阴柔之性所形成。

礼也者，人类一切行为之规范也。有人所以成人之礼，若冠礼是；有人与人相接之礼，若士相见礼是；有人对于宗族家族之礼，若昏礼丧礼是；有宗族与宗族间相接之礼，若乡射饮酒诸礼是；有国与国相接之礼，若朝聘燕享诸礼是；有人与神与天相接之礼，则祭礼是。故曰："礼所以承天道以冶人情也。"

"乐"在中国古代指的是诗歌、舞蹈、音乐三位一体的艺术，与今天单纯的音乐的概念不同。儒家认为："能够打动人心，变化气质的才是乐，不是指所有的音乐，它是特指德音雅乐。"所谓"德音雅乐"就是那些节奏和谐，内容健康的乐曲。这种乐曲会从内心来扶正你的性情，使得修身养性的功力，由内而外，逐步由浅层次进入深层次和高境界。我们从人类的历史文明的发展来说，不是一开始就是"礼乐"并重，或礼重于乐；而是先有"乐"，然后随着历史的发展，逐渐发展为"礼乐"并重。

早在公元 6 世纪前后，就普遍流行着这种音乐美学思想，认为音乐不仅具有教化作用，而且还具有"以礼乐和天地之化，百物之产，以事鬼神，以谐万民，以致百物"等多种功能。德音雅乐内容健康，节奏庄严平和，能够给人以教益，多听它，人的性情就会趋向于"中"与"和"，从根本上收到成效。

到了周朝，乐舞修养很受重视，不仅制定了礼乐制度，周王室及贵族子弟从 13 岁开始还要逐渐学习和掌握各种礼仪乐舞，20 岁左右要全面掌握《六代舞》和《六小舞》。在贵族阶层，乐舞修养操持是他们生活的重要组成部分。

"礼乐文化"强调的是"和"，在礼乐音乐的熏陶下逐步实现与自我与本我的"和"、自我与他人的"和"、与自然的"和"、与社会的和。"礼""乐"各自功用不同，它们之间在铸建人们精神家园的过程中相互补充、相互制约。

《论语》说:"兴于诗、立于礼、成于乐。"即强调了"礼""乐"互为表里、相互为用的教化功能,强调了乐舞在人之内心修养方面的陶冶作用。礼与乐的统一,在艺术上追求的就是内容和形式的统一、理与情的统一、伦理观念和审美意向的统一。以礼铸人,以乐教人正是在普通高等职业院校开设"礼乐"课程的初衷与目的。

目前,在职业院校中开展素质教育已经被列为职业教育的重要课题。采用何种教育手段有效地提高学生素质,一直以来都是我们探索和思考的课题。素质教育如果一味重说教、轻实践,没有感动、触动学生内心的教育形式,教育就只能是空谈而达不到预期的效果。当前高职学生中普遍存在着公众意识淡薄、礼仪缺失、没有礼貌的问题,在音乐方面则是音乐素养偏低、音乐鉴赏能力不高。在普通高等职业院校开设"礼乐"课程就是要将"礼"与"乐"相结合,把"礼教"与"乐教"融为一体,以礼为教,以乐为教,使学生在"礼乐"课的学习中,不仅可以学到知识、技能,同时也可以提升素质,净化心灵,成为和谐社会所需的"谦谦君子"。

第二节 礼乐研究的对象及学习的内容

礼乐的内容可以分成四个方面:音乐鉴赏、歌唱艺术、舞蹈艺术及舞台表演。

一、音乐鉴赏

音乐鉴赏本意为对音乐作品的鉴别和欣赏,或者是认真地欣赏与回味音乐作品。

音乐的鉴赏力来自于音乐的听觉,音乐的听觉有两种:"一种是外在听力,就是听到一个人演奏出的声音;另一种是内在的听力,就是想象着音乐应有的样子。"二者既是音乐欣赏心理活动的体现,也是音乐经验积累的结果。只要具备正常的听觉器官,人人都能具有一般的听觉能力。然而,一般声音听觉能力和音乐的听觉能力是两种不同的概念。前者是先天具备的,而后者则需要经过有目的的训练才能具备。

由于音乐给予人们的感受首先是情绪上的反映,如愉快、烦躁、激动等,而情感又是人们对于客观事物所持某种态度的反映,如喜、怒、哀、乐等。所以,音乐欣赏的重要通道是借助于音乐听觉的情感体验。从音乐欣赏的心理因素来看,欣赏是接受环节,它不是以表演或为获得某种具体成果为目的,而是聆听者结合自己的主观经验,通过内心听觉引起回忆、想象及联想等,丰富自己从欣赏音乐中获得的情感体验,这也是通过音乐听觉能力对音乐作品进行再创作的行为。

"礼乐"这本教材,把音乐鉴赏放在第一章是因为人们对音乐的感受力是音乐教育的前提。

舞之蹈之,歌之咏之,是来源于人的情感,抒发人的感受。礼乐课程的音乐欣赏课,从职业学院音乐感受的需要出发,从音乐语言的内部结构、音乐语言的特殊性、怎样欣赏音乐三个方面入手,立足于实现学生对音乐作品的理解鉴赏,对音乐表现形式的自我实践,及对音乐作品感受的自我表现。

由于"礼乐"是歌、舞、颂三位一体,最后以歌舞表演的形式呈现出来的艺术,因此,在音乐鉴赏部分,特别注重了从音乐语言的内部结构、音乐语言的特殊性进行教学,力求做到让学生学会根据音乐的语言特点,理解音乐不同情感。同时,学生还要学会根据不同的情感需要,挑选合适的音乐作品,为实现用音乐作品表现自我做储备。

二、歌唱艺术

歌唱是"礼乐"艺术中十分重要的组成部分。在这一章节,我们将从歌唱的发声、演唱技巧进行教学和训练。

在"礼乐"课程中的歌唱,是表演中的歌唱,更加注重情、声、气的融合与运用,在这个部分共分为5个章节。教材从歌唱原理、发音技巧、嗓音保护等理论知识开始编写,以便学生在学习的过程中了解与运用。由于充分考虑了歌唱技术因素,遵循循序渐进的原则,教材按照歌曲难度,从基础发声训练,到树立正确的声音概念,从逐步扩展音域,到增加表演环节情、声、气的运用,不断学习科学的发声方法,提高声音及表演技巧。在声音上要求做到声区统一、声音连贯统一、呼吸流畅自如,在表演上做到情、声、气完美统一,教材还特别强调了声乐表演的艺术处理、音色的表现力、歌唱的心理表现等特点。诗歌吟唱,作为一种新的表现形式,在现代小学教学中初露端倪,礼乐课程中歌唱的学习能够教会学生歌唱方法,以便更好适应未来的小学教育。

礼乐课程中音乐的选择是礼乐最主要的特点之一,本教材大量采用了具有修身养性功用的"德音雅乐"。儒家认为能够打动人心、变化气质的才是"乐",不是泛指所有的音乐,而是特指"德音雅乐"。"礼乐"具有"德音雅乐"的特点,它的节奏和谐、内容健康、曲调舒缓,我们把具有这种特点的音乐形式称为"新礼乐"。"礼乐"会从内心来扶正人们的性情,使得修身养性的功力,逐步由内而外,由浅进入深层次和高境界。

"礼乐"并非传统之古代宫廷的祭祀音乐,而是"静雅、古雅、典雅、清雅"之乐。"礼乐"的"新"主要表现在"思想性"和"形式美"的两个层面。它继承了孔子的"礼"与"乐"之美学思想,将人文中的两个层面——"礼"作为理性形式,"乐"作为感性形式相互融合。将"礼"的内容赋予"乐"的形式,以"乐"求"礼",以"乐"载"道"。

三、舞蹈艺术

舞蹈艺术,是运用舞蹈语言、节奏、表情和构图等多种基本要素为主要表现手段,塑造出具有直观性和动态性的舞蹈形象,表达人们的思想感情的一种艺术形式。舞蹈可分为生活舞蹈与艺术舞蹈

舞蹈是人类历史上最早产生的艺术形式之一,人们称之为艺术之母,它从远古时期就与人类的狩猎、耕作、宗教、战斗等生产与生活息息相关。舞蹈能直接、生动、具体地表现文字或其他艺术形式难以表现的人的内在深层的心理状态、强烈的感情、鲜明的个性,并能探索与体现人生的价值与意义。

舞蹈是一种人体动作的艺术。但是这种人体动作必须是经过提炼、组织和美化了的人体动作——舞蹈化了的人体动作。另外，由于人体动作不停顿地流动变化的特点，它必须在一定的空间（舞台或广场）和一定的时间中存在；而在舞蹈活动中，一般都要有音乐的伴奏，要穿特定的服装，有的舞蹈还要手持各种道具，如果是在舞台上表演，灯光和布景也是不可缺少的。所以，也可以说舞蹈是一种空间性、时间性和综合性的动态造型艺术。

在远古的社会生活中，几乎没有比舞蹈更重要的事情了——婚丧嫁娶，生育献祭，播种丰收，驱病除邪，一切都离不开舞蹈。舞蹈成为远古先民的质朴的生活方式和感知世界的手段。在"礼乐"的学习中，舞蹈这种艺术形式也占有十分重要的地位。

第三节　礼乐学习的必要性及方法

古往今来中外哲人从孔子到蔡元培、陶行知，从柏拉图到卢梭、习勒，还有诸多思想家音乐美学家，分别对音乐与国家、民族，音乐与时代、社会，音乐与人生、品性的关系都有过无比深刻及全面的科学论述。

在孔子看来，"礼"是社会秩序、行为规范的外在形式，而"乐"是"礼"的具体体现，主张"以礼修身，以乐化性"，"以礼铸人，以乐邦国"。2011年我国最新颁发的《音乐教育课程标准》里，也将音乐教育的性质归理为"三性"，即人文性、审美性、实践性，并将"以审美为核心"等内容确立为实现课程性质、价值的基本理念，其目的在于"培育学生美好的情操，健全人格"，"以美育人"。

现代音乐教育的宗旨是通过音乐艺术实践培养完整的人，"礼乐"思想也正是将道德伦理教育与乐舞艺术教育、行为规范教育与审美情感教育共构一体。其中道德伦理与行为规范教育的核心便是"德"的教育，目的是培养人，其教育从个体行为、观念的培养入手，达到外在行为与内在心理、观念意识与情感体验的契合一致，达到"以礼修身，以乐化性"，"以礼铸人，以乐邦国"。

孔子，是我国古代众所周知的伟大的思想家、教育家，同时还是春秋战国时期的一位卓越的歌唱家、演奏家和作曲家，在音乐与修身的关系中，他认为，一个人才的成长"兴于诗，立于礼，成于乐"，即有了文采和思想的修养还不够，还需要加上音乐方面的修养，才能算是一个完人。音乐是人的精神修养的最后完成阶段。

"礼"与"乐"之间存在着一定内在的联系。"礼"是社会秩序行为规范的外在形式，"乐"则是文化更进一步的产物。按照《乐记》的观点，人心受外物的刺激而有一定的情感，由一定的情感而发出一定的音、声，反过来也可以用一定的音、声使人有一定的情感，促进"礼"的形成，这就是"乐"的教育功用。"乐"在中国古代指的是诗歌、舞蹈、音乐三位一体的艺术，与今天单纯的音乐的概念不同。儒家认为："能够打动人心，变化气质的才是乐，不是指所有的音乐，它是特指德音雅乐。"

在高等职业院校开设"礼乐"课程，就是要将"礼乐"这种古代音乐艺术形式引进课堂，用那些节奏和谐，内容健康的"德音雅乐"，从内心来扶正学生的性情，使得他们修身养性的功力逐步由内而外，由浅进入深层次和高境界，在学习和感受音乐的过程中，提高学生内在的修养，达到修身完善的目的。"礼乐"这种古代音乐艺术形式的引用，还具有增强学生民族自豪感和民族凝聚力的作用。

怎样才能学好礼乐课程，提高学生内在的修养，达到修身完善的目的呢？唯一的答案是："学生参与"的音乐实践。

音乐课标则将音乐实践分为四大领域：感受与欣赏、表现、创造、音乐与相关文化。这四大领域的本质就是音乐教师们熟悉并惯用的五个字：听、唱、动、奏、创。

本书就是通过实施"听、唱、动、奏、创"这五个字所代表的五项教学内容，及对贯穿其中的情感体验和人文内涵的认知，达到"成与乐"及"以乐铸人"的音乐教学本质。

学生在学习礼乐的过程中要尽可能多地参与到教学实践中来，无论是课前的资料收集、歌、舞预习，课中的歌、舞表演技巧的学习，还是课后的歌舞排练、复习，都需要学生全程及全员积极的参与，只有这样的学习模式才能够调动参与者的学习兴趣和学习热情，使他们在交流和碰撞中产生新的思想，在行为上产生潜移默化的变化。

第二章 音乐欣赏的基础知识

第一节 音乐语言的内部结构

音乐是通过有组织的声音来表达人们的思想情感和反映社会现实生活的艺术。音乐艺术的实践包括创作、表演和欣赏三个方面。要想拥有完美的音乐享受，首先必须具有一定的音乐知识，应该懂得、了解音乐语言，即音乐的基本表现手段。

音乐语言的要素包括：旋律、节奏、速度、力度、音色、和声、调式、调性、织体等。

一、旋律

旋律也称曲调。"曲调"一词曾见于唐代诗人白居易的长诗《琵琶行》："转轴拨弦三两声，未有曲调先有情。"旋律是由音乐的各种要素，即音高、速度、力度等所组成，按一定序列组织起来运行的单声部线条。在音乐作品中，旋律是表情达意的主要手段。它可以反映音乐内容、音乐风格、民族特征，从而引起心理上的共鸣。因此，旋律被认为是音乐的灵魂和重要的基础。

听一首你从未听过的乐曲，你首先听到的是不是旋律？最后留给你印象最深的是否也是旋律？你的回答将会是肯定的。所以说，旋律在音乐作品中占有较重要的地位。旋律既然那么吸引人，它是从哪里来的呢？是作曲家凭空想象出来的吗？不是，旋律也和其他音乐表现手段一样，都是源于社会生活和人们的艺术实践。

人类生活中的各种音调是无穷无尽的。如，当我们听一首音乐作品时，你会立即感到它是悲哀的，或是欢快的。这就是你所听到的音乐旋律和你平时在生活中已熟悉的音调在你脑海中联系起来的结果。

☞教学范例1

歌曲《小白菜》

小 白 菜

1=G 5/4

河北民歌

5 3 3 2 - | 5 5͡3 3͡2 1 - | 1 3 2 6̣ - | 2 1 1͡6̣ 5̣ - |
小 白 菜 呀　　地 里 黄 呀，　三 两 岁 上　没 了 娘 呀，

6̣ 1͡6̣ 5̣ - - | 6̣ 2 1͡6̣ 5̣ - - ‖
亲 娘 呀，　　亲 娘 呀。

☞**教学提示**

演唱河北民歌《小白菜》，体会歌曲中音符的进行特点。我们会发现它的每一小节都是下行旋律，哼唱中会感觉到它是悲痛的哭泣，即使没有歌词也会感受到这一旋律不是欢快的。

现实生活中，人们叹气时的一声"咳"，就是从高音到低音的滑行。那么，音乐作品中的哭泣、悲伤和叹息是怎样表现的呢？一般来说，旋律的去向是下行的。

☞**教学范例2**

歌曲《梁祝》

☞**教学提示**

看谱听唱《梁祝》，对比小提琴协奏曲《梁祝》的呈示部的音乐。

音乐旋律也可以让人产生美好的联想。在这首小提琴协奏曲中，以轻柔的弦乐震音为背景，长笛吹出了优美动听的鸟叫般的化蝶旋律，接着双簧管以柔和抒情的田园风味的引子，展示出一幅风和日丽，春光明媚，百花盛开的动人画面。

在旋律的进行中，由于音高的走向而形成的各种直线或曲线被称作"旋律线"。这些形态各异、规模不同的旋律线，有时平衡流畅，有时奔腾跳跃。旋律线按一定的规律形成旋律型。如果一条旋律线自始至终呈上升趋势，那么就可能使音乐保持某种紧张情绪。如果旋律线从高点出发逐渐呈下行曲线，便会产生逐渐放松的感觉。如果旋律线趋于平缓，则会产生宁静的气氛。对旋律线的观察分析，要注意从音乐作品整体出发，并与其他音乐要素联系起来考虑。在欣赏中如若很好地掌握作品的旋律线，就可以很好地将作品的情感和音乐的整体印记于心。

旋律音程是旋律进行、发展的基础。按旋律音程的进行方向，可分为平行、上行、下行几种。歌曲中常见的旋律型很多。如同音重复型、环绕型、波浪型、级进型、跳进型等。当然，每一段旋律都不是使用某种单一的旋律型的。

☞ 课后练习

演唱歌曲：《月亮代表我的心》、《泉水叮咚》、《我和我的祖国》，为歌曲画出旋律线，并根据旋律线分析歌曲所表达的情绪。

二、节奏

我国明代律学家朱载堉曾说："八音者以节奏为至要。"节奏是事物的固有属性。如，海浪潮汐，心脏搏动，呼吸起伏……一切事物都在有节奏地运动着。节奏是构成音乐的第一要素。音乐中节奏的定义是指音乐中声音的长短、强弱、对比、反衬、连续等千变万化的组织形式。

节奏包含长短、强弱两种因素：

1. 音乐的节奏与音的时值长短有关

在很多情况下，表现激动、紧张的情绪，音值可能短些，音与音的连接紧凑些。而表现婉转的、抒情的、沉思的情绪时，音符的时值就要长一些，音与音之间的连接也松弛些。音乐如果没有节奏的时值约束，就会成为一盘散沙。

☞ 教学范例 1

歌曲《茉莉花》

茉 莉 花

$1={}^bE$ $\frac{4}{4}$

中国民歌

3 35 61 16 | 5 56 5 - | 3 35 61 16 | 5 56 5 - | 5 55 35 | 6 6 5 - |
好一朵美 丽的 茉莉花， 好一朵美 丽的 茉莉花， 芬芳美丽 满枝丫，

3 23 5 32 | 1 12 1 - | 32 13 2·3 | 5 61 5 - | 2 35 23 16 |
又香又白 人人夸。 让 我 来 将 你 摘 下， 送 给 别 人

5 - 61 | 2·3 12 16 | 5 - - 0 ‖
家， 茉莉花 茉莉 花。

☞ 教学提示

学唱歌曲，击拍，说说歌曲节拍上的特点。

歌曲为江浙一带的民歌，歌曲采用 × ×× ×× ×× | × ×× × - | 的节奏，这种舒缓的节奏让歌曲均匀、连贯、流畅，结尾处附点节奏型运用给人以轻盈、活泼、俏皮的

感觉。

☞ **教学范例 2**

歌曲《猜调》

猜　调

1=A 2/4

较快

云南民歌

```
5  1  | 1  6 5 | 5 5 6 5 | 5 5 7·1  1 1 2 | 2 5 7  7 5 1 2 |
小 乖    乖来    小乖乖，  我们说给  你们猜，  什么长， 长上 天？
小 乖    乖来    小乖乖，  你们说给  我们猜，  银河长， 长上 天，
小 乖    乖来    小乖乖，  我们说给  你们猜，  什么团， 团上 天？
小 乖    乖来    小乖乖，  你们说给  我们猜，  月亮团， 团上 天，

5 7 1  7 | 1 2 2 | 2 5 7  7 | 5 7 7 1  2 |
哪 样   长，  海中 间？  什么长 长    街前卖  嘛？
莲 藕   长长   海中 间，  米线长 长    街前卖  嘛。
哪 样   团，  海中 间？  什么团 团    街前卖  嘛？
荷 叶   团团   海中 间，  粑粑团 团    街前卖  嘛，

4 7 7  7 | 1 2 | 2  1  6 | 5 - ‖
哪 样   长长  妹跟  前  啰   喂？
丝 线   长长  妹跟  前  啰   喂。
哪 样   团团  妹跟  前  啰   喂？
镜 子   团团  妹跟  前  啰   喂。
```

☞ **教学提示**

　　这首歌曲是流传在云南地区及广西壮族自治区的民歌，这里的少数民族常用歌唱的形式表达感情，传递信息，这种情景在电影《刘三姐》中有所反映。歌曲全曲贯穿了十六分音符和八分音符的组合的节奏型×× ××× | ×××× ×××× | ××× ×××× | ×××，结尾处× × ×切分音节奏的使用让旋律一气呵成，节奏感十分强烈。

　　节奏型：是指在乐曲中具有典型特点、特殊意义的节奏形式。在聆听音乐时，找出节奏型，可以使欣赏体验变得有深度，有条理，这是音乐欣赏体验中重要的一环。

　　2. 音乐的节奏与音的强弱变化有关

　　音乐中单音与单音之间可以有强弱变化，乐段与乐段之间或一个乐段之内也可以有力度的变化。力度的变化可以使情绪产生对比的效果。强的力度往往反映情绪的高涨、激

动。弱的力度往往刻画情绪的平静、深沉、低落、松弛等。无对比的、无变化的力度往往平静、安定。

节奏是音乐的重要表现手段，旋律不能脱离节奏而单独存在，而节奏却可独立存在。音乐作品中不同的风格、不同的体裁会有不同的节奏与速度。如莫扎特时代的小步舞曲就比较典雅，而约翰·施特劳斯的圆舞曲则是华丽、明快的。如，聂耳的《义勇军进行曲》以坚定有力的节奏，反映出中国人民万众一心，冒着敌人的炮火前进的英雄形象。贝多芬的《田园交响曲》的"暴风雨"乐章，就把各种节奏结合在一起，形象地表现了大自然的巨大威力。辛沪光的交响诗《嘎达梅林》，乐曲的最后，旋律以原速出现时，像一首壮丽的颂歌，展示出人民的伟大风貌，同时歌颂民族英雄嘎达梅林永垂不朽。

☞**课后练习**

欣赏音乐作品：莫扎特《小步舞曲》、《拉德斯基进行曲》、《雪绒花》，感受节奏在表现作品情感中的作用。

三、节拍

节拍是衡量节奏的单位，常用来比喻有规律的进程。在音乐中，节拍指强拍弱拍按一定的规律，每隔一定时间有规律地重复出现。用来表示节拍的单位叫"拍"，将"拍"按照一定强弱规律组织起来叫作"拍子"

音乐节拍的强弱规律是从原始节律中产生出来的。节拍的基础是一强一弱的二拍子。其他一切节拍类型都是在此基础上派生出来的，是二拍子的合并型或切割型。如：四拍子是两个二拍子合并而成的；三拍子是三个二拍子合并再切割而成的。除了常的二、三、四、六等拍子，还有一拍子。一拍子是一种比较特殊的拍子。其特点是每小节只有一个强拍。这种拍子常出现在快速的作品中，戏曲、歌剧中常用这种拍子。还有一种无拍号、无小节线的自由拍子。在戏曲、歌剧中有出现。

☞**教学范例1**

歌曲《生死相依我苦恋着你》

☞**教学提示**

这是一首二拍子的歌曲，二拍子的歌曲由于强弱的周期循环快，力度的对比强烈，常用于进行曲、舞曲等表现强有力节奏或情绪欢快的乐曲。这首歌曲平缓的旋律表现了对祖国无限的柔情，二拍子的节拍又体现出对祖国热爱的坚定。

三拍子的歌曲，由于每小节有一个强拍和两个弱拍，强弱关系有所缓和，宜于表现优美、抒情如歌和轻松活泼的曲调，即舞曲或抒情曲等。四拍子，强弱关系的尖锐对比有所缓和，常用来表现庄严，抒情，歌唱性的乐曲。

☞**教学范例2**

歌曲《玛依拉》

☞**教学提示**

"玛依拉"是一位哈萨克族姑娘的名字，传说她长得美丽，又善于歌唱，牧民们常常到她的帐篷周围，倾听她美妙的歌声。歌曲一开始，"人们都叫我玛依拉，歌手玛依拉"，三拍子的节拍表现了这位姑娘开朗活泼、惹人喜爱的性格。也像大多数哈萨克民歌一样，它的后半部分有一个短小的副歌，曲调轻盈明快，把这位天真美丽的姑娘的形象表现得惟妙惟肖。

听唱歌曲，感受三拍子带给歌曲的活力与动感。

作曲家常把节拍作为作曲的一种重要表现手段，用它来塑造各种音乐形象，并用改变节拍的方法将原有的音乐形象给予重大的变化，造成形象的派生，即由一种音乐形象变成另一种音乐形象。

在我国传统音乐中，常使用板眼来表示节拍。通常，板相当于强拍，眼相当于弱拍；常见的板眼有：一板一眼，即二拍子。一板三眼，即四拍子。有板无眼，即一拍子。无板无眼，即散板，自由节拍。

☞**课后练习**

欣赏歌曲《可爱的一朵玫瑰花》、《深深的海洋》，说说拍子在表现音乐作品中的作用。

四、音色、音区

音色也称"音质"或"音品"。音色分为单纯音色与混合音色。音色好像绘画中的颜色，是音乐中极为吸引人、能直接触动感官的重要表现手段。

如，在戏院里听京剧的人们，常常闭眼睛听戏，欣赏其老生、老旦、青衣、小生、花脸的唱段。因为，京剧中的各种角色都有自己的唱腔及声音特色。

1. 在器乐作品中，弦乐器、木管乐器、钢管乐器、打击乐器等，都各有不同的音色

一般来说，木管乐器声音清澈、透明，具有田园情趣；钢管乐器声音雄壮、威严，具有强制性力量；弦乐器的发音接近于人声，最富有表情，善于提示人类内心世界；打击乐器中除定音鼓外，都没有固定音高，它们在音乐中更多地起节奏作用。这些乐器单独演奏时都具有鲜明的个性、各具特色，结合在一起演奏时，声音协调能产生绚丽多彩的音色。

因此，我们在欣赏音乐时，不能只凭本能去区分音色，而需要做到：①提高辨别各种乐器的音色特征的能力；②更好地理解作品中用什么音色表现什么内容，尤其要提高对各种乐器结合在一起的混合音乐的识别能力尤为重要。

☞**教学范例**

欣赏儿童交响童话《彼得与狼》

☞**教学提示**

这是前苏联作曲家普罗科菲耶夫为儿童写的一部交响童话，完成于1936年春，同年5月2日在莫斯科的一次儿童音乐会上首次演出。该作品是普罗科菲耶夫的代表作品之一。作曲家运用乐器来刻画人物和动物的性格、动作和神情，音乐技巧成熟，形式新颖活泼，旋律通俗易懂。

音乐中用长笛、双簧管、单簧管、大管、弦乐四重奏、定音鼓和大鼓所奏出的具有特性的短小旋律和音响，分别代表小鸟、鸭子、猫、爷爷、少先队员彼得和猎人的射击声等。采用长笛的高音区表现小鸟的灵活好动；弦乐奏出了彼得的神情，描绘了彼得的机智勇敢；鸭子的形象由双簧管模拟，生动地刻画出那蹒跚的步态；单簧管低音区的跳音演奏描绘了小猫捕捉猎物时的机警神情；爷爷老态龙钟的神态由大管浑厚、粗犷的声音来表现，节奏和音调模拟了老人的唠叨；狼阴森可怕的嚎叫用三支圆号来体现。每一个角色、每一个段落不但形象鲜明，而且还含有表达尽致的艺术魅力。

2. 人声的音色可进行分类

①因人的性别，年龄等因素分成不同的类型：如女声、男声、童声；

②由于生理结构的差异，各种人声又可细分为：女高音、女中音、女低音、男高音、男中音、男低音、童高音、童低音；

③由于艺术表现的擅长不同，某些人声类型细分为：花腔女高音、戏剧女高音、抒情女高音、戏剧男高音、抒情男高音等；

④在合唱音色中，可分同声合唱（女声合唱、男声合唱、童声合唱）及混声合唱（女声与男声混合、女声、男声与童声混合）两大类；

音区在音乐作品中也有自身的表现功能：一般来说，音区愈高音乐愈明亮；音区愈低，音色愈暗淡，但比较厚实；中音区往往比较柔和、优美而庄重。因此，作曲家们常用音区对比的手法发展音乐，表现特定的音乐内容。

☞**课后练习**

欣赏：男生合唱《我像雪花天上来》、混声合唱《阿拉木汗》、戏曲《智斗》，体会不同音色的不同特点。

五、力度

力度是音乐中音的强弱程度。音乐作品除了在拍子中所反映出的强弱外，还有音乐运行中的各种强弱变化，这种强弱变化称为"力度"。力度术语用意大利语作为国际术语。这些力度术语大多用缩写表示。力度在性质上可以分为：力度层次变化、力度逐渐变化和特别加强三种。

①力度层次变化：就是在音乐进行中不同段落采用不同的强弱。现将常用的力度术语，由弱到强依次排列如下：

中文术语	弱	中弱	很弱	强	中强	很强
意大利术语缩写	p	mp	pp	f	mf	ff

②力度逐渐变化：

中文术语或记号	渐强或<	渐弱或>
意大利术语缩写	cresc.	dim. 或 decresc

旋律由低向高进行时，往往带来力度的逐渐加强；反之，旋律由高向低进行时，往往带来力度的逐渐减弱。但，也有相反的情形，即旋律由低向高时力度逐渐减弱，或者是旋律由高向低时力度逐渐加强。

③特别加强：

中文术语	特　强	突　强
记号	∧　>	sf、sfz 或 fz
意大利术语缩写		rf 或 rinfrfz

通常，特强是指个别音加强；突强是指一列音突然加强或做急的"渐强"。

在音乐作品中，力度越强音乐越紧张，雄壮；力度越弱音乐则越缓和，委婉。因此，音乐作品中常运用强弱对比的手法来发展音乐。

六、速度

音乐进行的快慢称为速度。音乐作品中有两种不同的速度：一是基本速度，二是变化速度。基本速度包含：慢速、快速、中速。变化速度是指速度的临时变化，分为：减慢速度，加快速度，回复原来速度，不稳定速度及其他。

速度在音乐中的表现功能是：慢速则擅长表现安静、抒情、深沉或悲伤的情绪。快速则多表现活跃、激动、紧张的情绪。

在欧洲古典乐派音乐作品中，速度的变化往往表现在乐章之间的速度对比，在乐章内部的速度变化不大。但从浪漫乐派开始，乐章内部的速度变化愈来愈大。速度的变化往往与音乐形象的对比有密切的关系。速度的变化愈大，音乐形象的对比愈强，这一点在奏鸣曲式中表现得特别明显。如柴可夫斯基《第六交响曲》第一乐章的主部和副部之间，速度对比极大。主部速度属于快板，而副部速度则属于慢板。两者的速度相差近一倍，因为主部主题是表现不安定的生活，揭示了作者对现实生活的焦急不安；而副部主题则是表现隐藏在作者内心的甜蜜的回忆和幻想，因此，作者把优美如歌的旋律用慢板速度表现。

☞**课后练习**

欣赏：《溜冰圆舞曲》、东北《摇篮曲》，对比体会两首作品的速度，谈吐速度与力度在表现音乐作品中的作用。

七、音阶、调式与调性

1. 调式（mode）

调式是若干高低不同的乐音，围绕某一有稳定感的中心音（主音），按一定的音程关系组织在一起，成为一个有机的体系，称为调式。调式是人类在长期的音乐实践中创立的。在阐述调式这一概念时，常常把调式的中心音——主音作为起点和终点，其他各音按音高的顺序依次排列成音阶的形式，称调式音阶。在不同的历史时期与不同的民族和地域，形成各种不同的调式。各种调式因其音阶结构、调式音级间相互关系以及音律等方面的差异，而各具特色与表现力。调式和其他表现手法配合在一起，可赋予音乐以一定的表情素质与不同的风格。常见的调式有大调式、小调式及民族调式。

主音：音阶中的各音，第一级音最为重要。这个音起核心作用，占主导地位，称作主音。乐曲和歌曲常用它来开始（有时也用别的音来开始），也常常用它来结束。

音阶：调式中的各音，从主音开始自低到高或自高至低排列起来，即构成音阶。

调式也称音阶。大调式也称大音阶，小调式也称小音阶，我国的五声调式也称五声音阶。音阶和调式实质上是一回事。二者的区别在于：音阶是按顺序排列的，而调式则不一定按顺序排列。

2. 大调式

大调式为西方传统调式之一，由七个音组成，有三种类型：自然大调、和声大调及旋律大调。自然大调用得最多，其音程关系为全—全—半—全—全—全—半，其基础为七个自然音级，而七个自然音级是建立在五度相生的基础上的。在一般情况下，大调式具有明朗的性质和光辉的色彩。

☞**教学范例1**

歌曲《踏雪寻梅》

☞ **教学提示**

这是作曲家刘雪庵早期代表作品之一，乐曲典雅高洁，温柔敦厚，艺术韵味浓郁，深为当时的文化人所喜爱。在调式上，全曲由主导动机"3"、"5"两音发展而成，收尾在主音"1"上，为典型的抒情大调式歌曲。

在大调式中，第Ⅰ、Ⅲ、Ⅴ级音（即 do、mi、so）是稳定音，其中又以Ⅰ级（主音）最为稳定。

3. 小调式

同大调式一样，小调式也有"自然小调式"、"和声小调式"、"旋律小调式"三种。自然小调式是直接从自然大调式转化而来的，也是由七个自然音级组成，只是用 la 做主音，即 la、si、do、re、mi、fa、so、la。其音程结构为全—半—全—全—半—全—全。小调式的第Ⅰ、Ⅲ、Ⅴ级音（即 la、do、mi）也是调式中的稳定音级，在一般情况下，小调式具有柔和的性质和暗淡的色彩。

4. 民族调式

民族调式是指以宫、商、角、徵、羽五声构成的五声调式及以五声为基础的六声和七声调式。宫、商、角、徵、羽只有各音级间固定的音程关系而没有固定的音高。它们可以像唱名那样在有固定音高的音名上游移，但它们又并非唱名。有人主张把它们叫"阶名"，即五声音阶中每一音级的名称。

我国传统音乐理论称五声音阶中的各音为：宫（do 音），商（re 音），角（mi 音），徵（sol 音），羽（la 音）。五声音阶中的任何一音，都可以作为主音构成一种调式。各调式的主音在什么音名上，就称为什么调式。如：C 宫调式，D 商调式，E 角调式，G 徵调式，A 羽调式。

我国的民族调式在音乐中的表现作用也是很强的。在一般情况下，宫调式，徵调式有类似于大调式的特点：色彩明朗，擅长表现雄伟、庄严、刚强、乐观、喜悦、欢乐等情绪。商调式、角调式、羽调式有类似于小调式的特点：色彩暗淡、柔和，擅长表现忧郁、悲痛、凄凉、回忆、沉思等情绪。

在音乐作品中，调式色彩的对比，如由大调转入小调，或由小调转入大调，这种对比是音乐发展的重要手段之一。比如舒伯特艺术歌曲《菩提树》中，在仿佛树梢摆动的伴奏背景上，用大调明朗的旋律，回忆家乡门前的菩提树；在中段中突然变成小调，表现寒风凛冽的现实。这样在旋律中运用了调式的对比，使人联想到流浪者的悲惨遭遇。

调中除了调的高度和调式色彩以外，还有性格的差异，当然作曲家们对于调的感觉各自不太一致。如贝多芬的作品中，C 大调常用来表现光明和刚毅；F 大调常用来表现田园的大自然景色。在一首作品中，常常有各种调的对比。如从一个调转到另一个调，新调的出现，造成音乐新的矛盾和紧张性，并产生色彩的变化。在音乐作品中，这种调的变化更是表现音乐、表达内容的重要手段。

5. 调性

调性一般指主音位置的高度。简谱中常用 1＝D、1＝G 等等来标记调性。选择合适的调性对于声乐作品和器乐作品都有重要的意义。从音乐的角度来说，调性的布局和各种调性的转换是作曲的一种重要的表现手段。正确合理地使用这一手段，可以推动乐思的发展，产生多种色彩的变化，加强音乐的对比，把音乐的矛盾进一步激化等。

☞ 课后练习

看谱听唱歌曲：《礼》、《花非花》、《祖国之爱》，分析三首歌曲的曲式特点，并确定它们的调式。

八、和声

和声包括和弦与和声进行两个方面。

和弦是由三个以上（包括三个）的音，按三度叠置起来的。和声是单个和弦按一定的规则连接起来的和弦序列，它是随多声部音乐的发展而形成的。从纵的方面讲，各声部根据一定的原理构成和弦。从横的方面讲，各个和弦先后连接而构成和声进行。纵横两方面的结合使得音乐具有立体性和时间性。舒曼曾经这样形容过和声的作用："音乐像国际象棋一样，在它里面王后（旋律）起最大的作用，但决定最后胜负却永远是国王（和声）。"

和声在声部关系上有组织作用。无论在主调音乐中还是在复调音乐中，和声都是使各声音相互结合，彼此联合，成为协调整体的基础。在调性的音乐中，和声同时具有功能性与色彩性的意义。

通过和声的各种音响效果，对音乐所要表达的情绪、内容、形象等起到塑造、烘托、补充、改变等作用。如，当音乐的旋律配上和声后，动静交替的感觉会更加明显、强烈，使作品的力度、深度、广度都有所加强，从而使作品产生立体效果。

九、织体

织体：指多声音乐作品中各声部的组合形态（包括纵向结合和横向结合关系），称为织体。

织体分为两类：主调式，即主调织体；复调式，即复调织体。

主调织体：指有一个声部是主旋（大多数情况在高声部），其他声部是从属性质的伴奏。主调有充分的独立性，伴奏只起一种辅助作用。

复调织体：每个声部的旋律都有一定的独立性。复调织体有两种基本类型。一种是对比性复调，指将两个或两个以上的旋律同时结合的织体形式。如《牧童短笛》的 A 段。另一种是模仿复调，指在不同声部出现反复和模仿进行的织体形式。如《保卫黄河》的轮唱部分。

十、曲式

曲式是乐曲的结构形式，即音乐的结构布局。每一首音乐作品都有一定的形式结构，这种形式结构的样式，叫做曲式。曲式对于音乐的构成，具有极大的艺术价值，因为音乐艺术的曲式与音乐作品的内容是相互依存的，如果没有曲式就无法表现它的内容。因此，音乐艺术必须具备完美的曲式与内容，才能拥有独特的艺术魅力。

主调曲式中有：一部曲式、单二部曲式、单三部曲式、复二部曲式、复三部曲式、回旋曲式、变奏曲式、奏鸣曲式等。复调曲式中有：赋格曲、卡农等。

我国民族曲式有：一段体、二段体、多段体、变奏体、循环体、联曲体、板腔体、综合体等。

☞课后练习

欣赏合唱：《花儿与少年》、《樱花》、《回忆》，感受合唱中和声在表现音乐形象的作用。

第二节　音乐语言的特殊性

音乐是声音的艺术，所以音乐是以音响标志着它的存在。音乐是以声波传递信息，用声波来表达其思想内容和感情的，所以音乐的语言除书面语言外还有有声语言。音乐的有声语言和文学语言、教学语言等其他语言具有的不同性和特殊性表现在：

1. 音乐语言的非语义性特征

一般语言的每个字、每个词都有其特定的语音和语义，也即一般语言都有明确的或约定性的语义，譬如"风"、"云"二字就实实在在地表示风和云两种物质。而音乐的语言具有非语义性的特征。例如在音乐剧中震耳欲聋的鼓声可象征暴风雨的来临，也可象征革命风暴的来临，也可象征群众愤怒的呐喊与反抗，也可代表人们狂欢喜悦的心情。

2. 音乐语言浓厚的感情性和形象的表情性特征

音乐语言往往通过声音的高低、大小、粗细、直婉等表情因素来传情达意。譬如在《梁祝小提琴协奏曲》中用小提琴琴声的悠扬、缠绵、委婉来倾诉梁山伯、祝英台至死不变的爱恋深情以及生离死别的深切痛苦；在歌剧《绣花女》剧终时咪咪病死在鲁道夫怀里，鲁道夫声嘶力竭、肝肠寸断地叫喊着咪咪，这时候，沙哑的铜管乐器发出巨大的声响，它虽然喊不出"咪咪"的名字，但音乐的表情音调让我们似乎听见了鲁道夫悲痛的呼喊声。

3. 音乐语言的模仿性特征

音乐可用纤细、柔美、频率很高的尖音和鸟叫所特有的节奏来模仿鸟叫的声音，中国民乐《百鸟朝凤》即是很好的典型。在贝多芬的《田园交响曲》中，分别用长笛、双簧管来模仿夜莺、鹌鹑和布谷鸟的叫声。奥地利作曲家海顿在《"时钟"交响曲》中用平稳单调的节奏和音响来模仿时钟的形态和运动。而著名芬兰作曲家西贝柳斯在《第三交响乐》中是用急促的震音及震音背景下沉重的音响来模仿自然界中雷电交加的景象。

4. 音乐语言的创造性特征

任何音乐作品都是经过作曲家精心思考而创作出来的，凝聚着作家的心血和智慧。所有好的歌曲都渗透着一种创造力，都折射着作者的艺术睿智和创作风格。没有创造就没有艺术，在贝多芬的许多交响乐中都体现着这样的思想：①作者面对着广袤深邃的宇宙苍穹，惊叹自然的神奇和变化莫测，崇尚自然，歌唱自然，探索自然，主张"大乐与天地和"，主张人与自然和平相处，和谐发展。②革命的英雄主义与浪漫主义的结合，追求美好人生，追求自由、平等与博爱。贝多芬第五交响曲淋漓尽致地表现了英雄与黑暗势力抗争，与命运抗争，"要扼住命运的咽喉"，通过斗争由黑暗走向光明、走向自由、走向幸福的革命英雄主义精神。

5. 音乐语言的象征性特征

所谓象征性特征，就是由此及彼的艺术手法，由一种概念转向另一种概念，由一种现象转向另一种现象，由一种感觉唤醒另一种感觉。譬如风平浪静，是人的视觉感受，而音乐根据平静的大海必然涛声微弱的特点用定音鼓的弱奏来象征大海平静，再让人们把听觉感受还原成视觉感受，这种反弹的过程就引发了人们的想象力和思考力。再譬如因小号声音的特点是高亢、明亮，就用其象征光明；铜管的声音雄浑有力，就常常用铜管乐来象征英雄凯旋；当然也可借助声音的强弱变化来象征骆驼队或军队的由远而近，或由近而远的时空变化。这种巧妙的替代手法就是通常所说的艺术性象征性手法，这种手法的优点是除了造成人们对事物的真实感受外还引发联想和想象。

6. 音乐语言的暗示性特征

声音的暗示主要是寓意性的，透过声音造成的某种气氛去暗示在这种气氛下将会产生什么样的结果。譬如用管弦乐中大管的沉闷音色、微弱的力度、迟缓的节奏的盘旋在不定音上的旋律，造成一种惨淡的气氛，暗示着某种悲剧或可怕的事情即将发生，造成悬念，让人紧张和沉重。反之用明亮、欢畅、轻快、流动、跳跃的声音，造成明媚、生机勃然的气氛来暗示万物苏醒、大地回春的自然景象。综上所述，音乐的语言是含情量最高、色彩最绚丽，既形象又抽象，具有多种美学特征，具有多种美育功能的创造性语言，它是人类语言学宝库中的瑰宝。

☞**教学范例**

欣赏：交响童话《彼得与狼》

☞**教学提示**

（1）欣赏音乐，认识乐器，感受不同乐器的音响特点。

（2）聆听旋律，根据所听旋律描绘彼得、小鸟、鸭子、狼、猎人的形象。

（3）配合音乐，为同学们形象地讲述音乐故事《彼得和狼》。

☞ **课后练习**

欣赏芭蕾舞剧《胡桃夹子》音乐，谈谈其中阿拉伯舞蹈《咖啡精灵之舞》，中国舞蹈《茶精灵之舞》、《芦笛之舞》、《花之圆舞曲》所描述的音乐形象。

第三节 如何欣赏音乐

音乐是通过有组织的乐音所创造的艺术形象，是深刻表达人类感情的一种艺术。它必须通过演唱或演奏的形式才能为听众所欣赏和感受，从而产生完美的艺术效果。与文学作品、绘画作品相比，音乐更能直接地深入人类的情感，影响人的精神，陶冶人的情操。那么，如何才能更好地欣赏音乐呢？

音乐欣赏是一个审美过程。音乐之美有两个方面：形式美和内容美，艺术价值较高的作品往往都是形式美和内容美的统一体。因此，音乐欣赏与其他艺术作品的欣赏一样，可以分三个阶段：

1. 对音乐形式美的欣赏

这是知觉的欣赏，是对音乐的谐趣的认识。音乐为什么能打动人心呢？就是因为音乐中大量的谐趣性因素使人一听就被深深地吸引，觉得它动听、优美，引起我们感官的快感。这其中我们最容易感受到的是它的旋律和节奏，因为旋律和节奏是音乐中最表层的要素，可以模唱，便于记忆。

2. 情感的欣赏

音乐中最抽象的东西是为无法言表的情感而服务的。音乐却无法像文字，明确标明情感的喜怒哀悲，当音乐的旋律高低、节奏缓急、力度弱强不断变化时，我们的感情就会随着音乐的进行而不断地起伏。每个人的感情经历和体验是不同的，所以同一首曲子对于每人来说虽然喜怒哀乐不会听错，但其中的细微处却是各有滋味在心头。

3. 对音乐内容的理性欣赏

这是音乐欣赏的高级阶段，一方面我们要借助于资料，对音乐的语义性因素进行一番了解和研究，诸如标题、歌词、作曲家的创作个性、乐曲创作的初衷等；另一方面，在获得一些必要的音乐理论常识后，对音乐的结构、旋律的发展、和声、配器等方面作详尽地分析，以达到对音乐的全面深入的理解。

☞ **教学范例**

赏析歌曲：（1）《我像雪花天上来》
　　　　　（2）《一杯美酒》
　　　　　（3）《故乡是北京》

☞ **教学要求**

欣赏三首歌曲，分别模拟三首歌曲的典型节奏。看看这些歌曲在节奏上有哪些特点，这些特点在表现情感时有什么作用。

歌曲《我像雪花天上来》

☞ **教学提示**

歌曲《我像雪花天上来》的前半部分，节奏平和均匀，节奏主要以 ×× ×× ×× × | 为主，旋律由三度、四度音程的小波浪式进行，表现出雪花随风飘舞，漫天飘落的样子。后半部分节奏上虽然没有太多的改变，但是六度大跳音程的加入让歌曲充满激动的情绪。

歌曲《一杯美酒》

一 杯 美 酒

维吾尔族民歌

艾克拜尔吾拉木译配
曹文工编配

$1=\flat B$ $\frac{2}{4}$

中速 热情地

(033 343 | 033 343 | 066 54 | 34323 4543 | 022 232 | 022 232 | 01761 2346 |

777 70i2 | 777 70i·6 | 70 0) | 066 63 | 324 3221 | 123 4543 | 33· 3 - |
　　　　　　　　　　　　　　　　　我的爱情　像杯美酒　一杯美　酒，

01·11 | 144 323 | 313 7·176 | 66· 6 - | 023 44 | 444 322 | 066 64 |
心上人　请你把它　接　　受。　　　天山上的　雄鹰只会　盘旋不飞

3·432 3 | 0611 13 | 7176 63· | 333 1·276 | 66· 6 - | 6 - | 6 - |
过山顶，情人围　绕着我　　不愿离　去　　啊

076 456 | ⁶3 - | 3 - | 023 44 | 444 322 | 067 646 | 3432 3 | 023 44 |
情人　　啊！　　　　你的花容　月貌时刻　吸引着我　我在为你

04·322 | 067 64 | 3·432 3 | 011 13 | 371 7663 | 033 1·276 | 66· |
尝受　悲　　苦　　　请你接受　我心灵的　一杯美　　酒。

‖: 022 22 | 212 33 | 313 7·176 | 66· | 01· 766 | 644 322 |
一杯美酒，一杯甜酒。一杯香　　酒，　喝了它，准会把你

| 213 7176 | 6 6· :‖ 6 6· | 6 - | 6 ‖
醉　透　　　　透。

教学提示

歌曲《一杯美酒》是一首新疆维吾尔地区民歌，歌曲中大量采用 ×　×　× 和 ×× | ×　×　× 这样的切分音，欢快、有力的切分音节奏让旋律具有了新疆维吾尔地区的风格特点，平缓的旋律给人感觉好像是一个新疆维吾尔少女在为你讲述着她对爱人的美好感情。

歌曲《故乡是北京》

教学提示

这是一首创作歌曲，歌曲中大量采×××× ×.×××的节奏及依音，这些节奏特点加上起伏较大的旋律，让歌曲具有了唱腔紧凑、欢快流畅的特点，类似与京剧中"西皮"的唱腔，作曲家正是用这种方法来体现"故乡北京"的特色的。

课后练习

欣赏小提琴协助曲《梁祝》，说说作曲家是怎样用音乐表现梁山伯与祝英台的形象的，又是怎样用音乐来表现"化蝶"的场面的。

第三章 歌唱艺术

本章教学目的是使学生了解歌唱发声的基础知识，了解变声期的相关知识；初步建立正确的声音概念，掌握正确的发声方法，培养正确地分析和处理声乐作品的能力；探寻歌唱艺术中的审美特征，展示歌唱艺术的独特魅力和美好感受，引导学生体现歌唱情感表现，塑造感人的歌唱艺术形象，构筑理想的艺术境界。

1. 通过学习，掌握声乐的表演基础，努力扩大演唱曲目范围，提高演唱水平。
2. 进一步增强歌唱呼吸与发声的能力，加强气息控制的能力，调节气息的力度变化。
3. 在中声区的基础上，适当扩展音域，女声拓宽至十二度，男声拓宽至十一度，并初步学习高声区的演唱方法。要求做到声区统一，声音连贯流畅。
4. 初步掌握声乐表演的艺术处理方法，丰富音色的表现能力。
5. 懂得歌唱的心理表现特点，注意歌唱的情感表达。

第一节 嗓音保护

嗓音对于歌唱者来说就如同是他的生命，要做到保护它、维持它，使它永远光芒四射，是每位歌唱者梦寐以求的。艺术嗓音要经过时间上的、精神上的、感觉上的磨砺才能够延长它的艺术生命。怎样保护好嗓音，下面将以发声方法、身体健康、饮食等方面来论述艺术嗓音的保护，使歌唱者能从中找到嗓音保健的正确途径。完美的音色是需要保护的，不仅平时说话要保护，生活中还要养成良好的习惯。

一、生活中的嗓音保护

1. 要保证充足的睡眠时间

睡眠时间充足，同时还要注意刚起床的时候不要发过强过高的声音，要经过一段时间的开嗓，慢慢地才能进入工作状态，切勿大声叫嚷。

2. 注意饮食

不吸烟，少饮酒，少吃生冷油腻食物，上课之前休息好的同时还要少吃一些带刺激性的东西，比如麻辣烫、烧烤等，经常吃会降低嗓音的明亮度，使声音晦暗不堪。

3. 谨防季节更替

嗓子最不舒服的季节是秋冬交替之时，因为秋天特别干燥，而暖气和空调也是嗓音的头号大敌，吸气的时候空气冲刺到喉头疼痒难耐。因此熟悉了这样的环境之后，老师上课时注意要多喝温开水保持咽喉湿润，可多泡一些罗汉果、菊花甘草茶，起到护嗓的辅助作用。

4. 淡盐水漱口

每天用淡盐水漱口，有很好的消炎作用。

5. 坚持锻炼身体，预防感冒

感冒是坏嗓的又一大敌，重感冒常常引起扁桃体发炎或声带炎，影响发声，若发现发声器官有了疾病就要停止大声说话或过度用声，及时就医。如果轻视，会造成发声器官永久性损伤。

6. 限制工作之外的说话时间，减少不必要的长时间聊天

二、科学发声

歌唱时要鼻腔、口腔和胸腔联合共鸣，只有这样才能使声音上下统一、穿透力强，音色才能丰满、浑厚、圆润、优美。只用声带完成发声，容易造成声带疲劳或损伤。因此，科学地运用气息也是保护嗓音的重要途径。"气是声之本"，"无气不成声"，说明了气息的重要性。呼吸控制不好是发生嗓音疾病的重要原因。此外，应该科学地运用声带，如真声使用过多，不但高音上不去，且声带容易充血水肿；假声使用过多，常使低音下不来，容易产生声带小结。两种机能不协调，真假声就结合不好，歌唱时在声区转换点往往出"壳"，容易"破"。

过度使用嗓子，会引起声带运动性创伤、急性创伤声带充血、水肿和出血。慢性创伤声带产生肥厚、小结和息肉。造成发声运动过度。因此必须严格控制喊读、喊唱，使发声器官处于良好的状态。掌握有气息支持的发声方法是保护嗓音、使嗓音经久不衰的重要途径。

三、变声期的嗓音保护

青春期是人一生中最重要的生长发育期，这一时期的少年的生理、心理发生急剧变化，人体各器官开始成熟，嗓音由童声转变为成人声，声音发生显著变化，这一时期为变声期。这一时期要特别注意嗓音的保护，说话、唱歌都要用轻音。切忌乱喊乱叫和用嗓过度，以免损伤声带。唱歌、说话音量不要过高、过强、过快。常用的一个修复方法即发出任何一个单元音的口形，比如"阿"，用自己最极限的低音发出，打出如气泡的声音。在嗓子很累的情况下，可以起到一个修复的作用，让声带得到休息。用嗓之前同样可以作为开嗓音，打得最响当当的时候是声音最舒服的时候，也是声音恢复到最佳状态的时候。

四、选择恰当的歌曲作品

歌曲的音域不能过宽，最好不超过九度；音量和力度也不宜过大。曲调要流畅，切忌"大跳"，以免学生叫喊，若学生感到定调过高可适当降低。练声、练唱最好由老师指导，在合适的音域范围内进行。另外,练唱的时间也不可持续过长,以防止声带疲劳和受到损伤。练唱时注意循序渐进,不可急于求成。可先让学生从合适的、容易发声的自然音区练起,平时以练唱"哼鸣"为主。女生在变声后期练声时,可适当引入假声,进行混声训练,这对于女生今后声音的发展将十分有利。另外,在变声中期,可采用多听少唱的方法,加强音乐理论常识、音乐欣赏等课程教学,使他们在音乐理论知识、艺术修养等方面得以全面提高。

我国著名京剧大师梅兰芳先生总结了一条护嗓要诀:"精神畅快、心平气和、饮食有节、寒暖当心、起居以时、劳逸均匀、练嗓保嗓、都贵有恒、由高到低、量力而行、五音饱满、唱出剧情。"希望大家从这条要诀中能得到启示。

第二节　歌唱器官的构造

歌唱艺术实践是一个复杂丰富的活动过程,因此,了解歌唱器官的构造及发声的基本原理,根据发声器官的运动规律有目的地去进行训练,歌唱时使各器官共同协作,才能获得良好的声音。人声是不同于其他乐器的一件奇妙乐器,具有独特音质和感染力。在人类音乐审美活动中具有极其重要的地位。那么,怎么发出优美的声音呢?怎么样才能做到能正确、科学地发声并利用好发声器官这件乐器表现音乐,了解嗓音生理结构和发声原理是前提。

发声器官是由呼吸器官、发音器官、共鸣器官和咬字器官四个部分组成,它们是歌唱发声的全部物质基础,是歌唱发声运动中的主要功能系统。

歌唱器官主要由呼吸器官、共鸣器官、喉头声带、咬字、吐字器官及听觉器官构成。这些器官是受大脑统一支配,共同协作,缺一不可的整体。见图3-1。

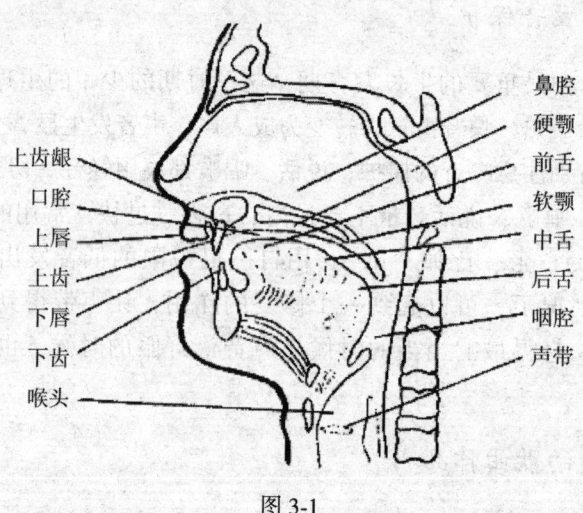

图3-1

（1）呼吸器官为动力器官。

是由口、鼻、咽喉、胸腔、膈肌（又称横膈膜）、腹肌等组成。我们日常的呼吸比较平静，比较浅，用不着使用全部的肺活量，但歌唱时的呼吸运动就不同了，吸气动作很快，呼气动作很慢。如果遇上较长的乐句，气息就必须坚持住。而一首歌曲的高、低、强、弱、顿挫、抑扬变化，也全靠吸气、呼气肌肉群的坚强和灵活的运动才能完成。

（2）共鸣器官。

是扩大与美化声音的器官，人体的共鸣器官主要有胸腔、口腔和头腔三大共鸣腔体。一般来说，唱低音时，胸腔共鸣发挥最大，唱中音时口腔共鸣应用较多，而唱高音时主要是靠头腔共鸣发挥作用。如果我们能正确、合理地运用好这些共鸣腔体，并相互协调配合好，就能获得圆润、悦耳、丰满、动听的歌声。

（3）发声器官。

发声器官，包括喉头、声带，这是声源。声带在不发出声音的时候是放松并张开的，以便使气息顺利通过，发低音时声带拉长、靠拢，声带较松弛，对呼出的气息的挡气作用也不大，有漏气现象，声带是整个地振动，振幅较大。随着音高的上升，声带缩短并靠紧，其挡风作用也就明显加大，声带变为部分振动和边缘振动，振幅小。当唱最高音时，只有靠近甲状软骨的三分之一部分振动。我们在声乐训练的时候，应该充分注意到这些肌肉群的功能作用，合理地运用它们，养成良好的习惯。

（4）咬字、吐字器官。

咬字吐字器官包括唇、舌、牙齿和上腭等。这些器官活动时的位置和不同的着力部位，形成了辅音和元音。发声歌唱时，各咬字、吐字器官的积极协作，才使之变成字和词。且动作比平时说话要更加敏捷而夸张。其目的是为了使咬字准确清晰，使美化的元音或韵母通畅地发挥。

第三节　歌唱发声要领

一、歌唱姿势要领

前苏联声乐专家捷米采娃说得好："姿势是呼吸的源泉，呼吸是声音的源泉。"歌唱发声姿势是声乐表演艺术很重要的一点，它不但关系到歌唱者在舞台上良好的舞台形象和美感，更重要的是，歌唱发声的艺术效果同身体的姿势有很大关系。好的歌唱姿势也使得声音更加自然、舒展、流畅。

正确的歌唱姿势是：

①头正、颈直、看前方、后背、腰部连成一线，使气息畅通无阻。

②身体自然放松、挺胸双肩垂，下巴"懒洋洋"。双腿站立前后分，重心放在前脚上。

③手势自然形体美，"松而不懈"，"紧而不僵"。

④收腹提臀两胯开,积极、松弛全身唱。

歌唱时,最好要有一面可以照到自己全身的镜子。这样做最容易发现自己已有的错误,看着镜子里的自己是否有正确的歌唱姿势,要做到身体舒展而挺直、柔韧而积极、自如而活泼的均衡状态。

二、练声曲

歌唱发声练习的目的,就是将歌曲演唱中应该掌握的各种技巧,通过有规律、有步骤的发声练习,调节各歌唱器官的协作运动,养成良好的歌唱状态,使技术成为歌唱表现的有力手段,而达到运用自如、声情并茂的演唱。练声的目的是将科学的发声、良好的歌唱状态融入到歌唱中去,使之成为歌唱发声的习惯和状态,所以练声的目的不是简单的"开开声"而已。

在歌唱发声练习时,应保持正确的歌唱姿势,正确的歌唱姿势是进入良好歌唱状态的前提。摒除一切杂念,稳定情绪、充满信心、放松自如地进入歌唱状态,还要注意对音准、节奏的训练,通过发声练习,逐步掌握连、顿、强、弱等全面的歌唱发声技巧,丰富歌曲的表现手段,增强歌曲演唱能力。

从练声的第一音起,就要有良好的乐感,要给它们以音乐的活力和生命。音程、音阶、音准、气息、共鸣等方面的技术练习,都是乐曲的组成部分。每个歌唱者应该把音程、音阶、练声乐句也唱得悦耳、动听。在歌唱发声的过程中,呼吸、共鸣、吐字、表现缺一不行,它们是相互联系、相互促进、相辅相成的。

☞**练声曲谱例**

(1) 5 4 3 2 | 1 — ‖
     u

要求:呼气时,注意控制住气息,使之平稳、均匀、持续、连贯地慢慢吐出。在缓吸后做慢慢地吹掉桌上的灰尘的动作,这里需要长长地吹气,也就是在做长音的呼气练习,"长音像吹灰,短音像吹蜡",是一种吐气的感觉。

(2) 1 2 3 4 | 5 4 3 2 | 1 2 3 4 | 5 4 3 2 | 1 — ‖
     mo

要求:吸气时打开腔体,歌唱哼鸣的呼吸支点稳定、对抗自如、呼吸支持均衡、富有弹性、声音集中,具有混声共鸣和上下的流动感,音色统一、声音线条流畅。随着旋律的上行,控制好力度,并有歌唱的美感。

(3) 1 = c　2/4
    ▼　▼　　▼　▼　　▼ ▼ ▼ ▼　▼
    1　2　3—| 3　4　5—| 5 6 5 4 | 3 2 1— ‖
    Ha　ha　ha　　ha　ha ha ha ha　ha ha ha

要求：跳音也叫顿音，其唱法明亮、丰满、圆润，是一种具有金属色彩的、富于共鸣的音质。训练时应该加强横膈膜的弹性、声音的灵活性。

(4) 1=c1——1=d2 2/4

$\underline{1\ \ 2}\ \ \underline{3\ \ 3}\ |\ \underline{5\ \ 5}\ \underline{3\ \ 3}\ |\ \underline{1\ \ 1}\cdot\ \|$
Lo　　lo　　　lo　　lo

要求：呼吸支点准确、喉头稳定，在呼吸上歌唱，音色明亮、通畅，母音交替时气息支持小巧，练声曲歌唱富有表情，传达流畅、自然、圆润的声音形象。

(5) 1=c1——1=d2 2/4

$\underline{1234}\ 5\ |\ \underline{5432}\ 1\ |\ \underline{1234}\ \underline{5432}\ |\ 1—\ \|$
Mi　ma　mi　ma　mi　ma　mi

要求：作好起声的准备，歌唱呼吸的支持稳定，旋律上行时呼吸对抗逐步加强，旋律下行时呼吸对抗注意保持，母音的连接自然，同时保持微笑状，体会以鼻腔为中心的头腔共鸣的形成，体会高位置与深呼吸的对抗作用；注意咬字、吐字的清晰，尽量做到字正腔圆。

(6) 1=c1—b1 2/4

$\underline{1234}\ \underline{5432}\ |\ \underline{1234}\ \underline{5671}\ |\ \underline{2176}\ \underline{5432}\ |\ 1-\ \|$
mi　　　ma　　　　　　　　a

要求：起声时，作好呼吸拉开的准备，随旋律上行时声音逐步向前扬出，呼吸对抗逐步加强，旋律下行时呼吸对抗注意保持，使歌唱的声音连贯、自然，带有线条性向前扬出的感觉。

(7) 1=c1—b1 3/4

$\underline{1\ 3\ 5\ 6\ 5\ 3}\ |\ \underline{1\ 3\ 5\ 6\ 5\ 3}\ |\ \underline{1\ 3\ 5\ 6\ 5\ 3}\ |\ 1——\ \|$
Mi　　　　　Ma　　　　　yo　　　　　o

要求：起声的准备充分，歌唱呼吸积极而有弹性，乐句歌唱中呼吸应托住声音，并形成歌唱所需要的动力，同时喉头应稳定，歌唱的力量应用呼吸拉住。

(8) $\underline{1\ 3}\ \underline{2\ 4}\ |\ \underline{3\ 5}\ \underline{4\ 6}\ |\ 5—\ |\ \underline{5\ 3}\ \underline{4\ 2}\ |\ \underline{1\ 3}\ \underline{2\ 7}\ |\ 1—\ \|$
ma me　mi mo　mu　　ma me　mi mo　mu

要求：作好起声的准备，歌唱呼吸的支持稳定，旋律上行时呼吸对抗逐步加强，旋律下行时注意保持呼吸的对抗感，五个母音的咬字、吐字状明确，声音通畅，连接自然、连贯，带有歌唱性。

(9) c1—d2　2/4

$\underline{5\ 6\ 5}\ |\ \underline{4\ 5\ 4}\ |\ \underline{3\ 4\ 3}\ \underline{2\ 3\ 2}\ |\ 1—\ \|$
Yi　　Ya　　Yi　　Ya　　a

要求：强调声音流畅、轻盈。演唱时注意流动和呼吸的支持。歌唱时速度较快，吐字清晰，达到声音位置统一。

三、歌唱中的呼吸

1. 气息

唐代《乐府杂录》中说:"善歌者,必先调其气。"气息是声音的"源"动力和基础,良好的气息支持是获得好声音的关键所在。歌唱时上身完全放松,站姿挺拔,胸部舒展保持后背挺直,肩膀放松,叹气自然,嘴巴张开,小肚子一松一鼓就"气沉丹田"了。吸气时,软腭提起,并与提眉动作配合,找"打呵欠"的感觉。想象自己处于一个优美的花园中,想深深地闻一下鲜花的芳香,气息是很自然地流进去的,胸口松开向下"叹",吸气以后,体会腰向外扩张、膨胀的感觉,气息是"吸中有呼,呼中有吸"的流动,声音贴着咽壁,轻松愉快"吸着"把歌唱。

2. 几种吸气方法

①叹气式吸气:先叹后吸,歌唱时的每个字都好像是珍珠,而声音仿佛是一条线,要用声音这根线把大小一样的闪闪发亮的珍珠穿在一起。

②闻花式吸气:容易使气吸得深,而且没有吸气时的抽气声和多余动作。上身完全放松。这种吸气松畅适度,人很兴奋,气息通畅、声音圆润。

③惊讶式吸气:快速吸气,吸得快且深。起音要准确而稳定,音色要统一而优美,音波要平稳而自然,歌唱发声时的呼吸、发声、共鸣、吐字等部位要统一而又连贯。

☞**教学范例1**

歌曲《隐形的翅膀》

☞**教学提示**

这是一首通俗唱法的歌曲,它与美声和民族唱法的主要差异在于腔体运用。它基本与说话相似,以真声为主,有时加一点混声。音乐与语言结合较紧,并以切分音为特点,通过电声美化,扩大其音量,因此对演唱者的音乐感觉要求较高。

《隐形的翅膀》给人希望、温暖与安定的力量,这首民谣曲风的歌曲让很多听者动容。这首歌在张韶涵甜美又极具爆发力的嗓音演绎下给听者带来不一样的力量,感染人们要坚强地面对人生。

☞**教学范例2**

歌曲《我和你》

☞**教学提示**

《我和你》虽然听起来旋律简单,但是在简单中却有变化,整首歌分为三个层次:首先，由非常能代表中国特色的歌手刘欢用他温暖、明亮的声音传达出中国人民的真挚情感；然后由享誉全球的女歌手莎拉·布莱曼唱响了第二段，莎拉·布莱曼就像是一个国际化的符号，因为奥运会是全世界人民的，中国也愿意向全世界人民敞开胸怀；紧接着，第三层是童声合唱，当稚嫩的童声一响起，人们会不由自主地想起和平与和谐。演唱此曲，要有良好的呼吸支持，发声、咬字部位要统一。

☞**教学范例3**

歌曲《同一首歌》

☞**教学提示**

歌曲以诗一般的语言、抒情的旋律和优美的合唱，表达了胜利、欢乐、团结、友谊的美好主题。歌词里用"鲜花"、"大地"、"春天"、"甜蜜的梦"和"阳光灿烂"等词语，表现了我国人民在新时代里意气风发，欢聚一堂，唱着"同一首歌"，畅叙衷肠，展望未来。

歌曲速度较慢，演唱时要控制好音量，做到声音自然、柔美、统一。气息悠长，换气要合理安排。安排好换气的位置，以保证足够气息。在平稳气息的支持下，连贯地歌唱。适当打开咽腔，用连贯、起伏、流畅的音量演唱。咬字准确、灵活，吐字清晰，气息深长。

☞**教学范例4**

歌曲《风吹麦浪》

☞**教学提示**

《风吹麦浪》是一首极富有诗意和画面感的作品。用钢琴、竖琴、弦乐五重奏、木管组等乐器编织出一幕轻盈而浪漫唯美的景象。《风吹麦浪》这首歌从头至尾贯穿着一种远离城市喧嚣，浪漫隽永的气息又有着轻柔欢快之感，其清新质朴的质地确实有着一种田园生活独特的情调。歌曲有着宽而透明的音域，演唱时音色要纯净、通透而空灵。

☞**教学范例5**

歌曲《飞吧，鸽子》

☞**教学提示**

这是一首非常抒情的歌颂鸽子的歌曲，曲调婉转、旋律起伏、歌词深情。以平缓的节奏、优美的旋律赞扬了鸽子的坚强意志品质，以此唤醒人们无论在任何境遇下，都不要迷失自己，而要勇敢地面对一切。

演唱时需要气息平缓、流畅，充分打开腔体，音色统一，表现出对鸽子的崇敬之情。

☞**教学范例6**

　　歌曲《我爱祖国的蓝天》

☞**教学提示**

　　这首歌曲豪情万丈、气势如虹，表现了英勇的空军战士热爱祖国，誓死保卫祖国蓝天的壮志豪情，激励无数热血青年投身空军。赞颂当代空军飞行员热爱祖国蓝天，积极投身国防建设，保卫领空，捍卫国家主权的英勇事迹。演唱时，声音应具有金属般的磁性和穿透力，中低音区浑厚深沉、流畅舒展，高音区刚劲豪放，铿锵有力。

☞**教学范例7**

　　歌曲《雁南飞》

☞**教学提示**

　　歌曲由弱起节奏开始，演唱时感情要真挚、内在，歌声要像天空中飞翔的大雁那样自在从容，音色圆润甜美。由于这首歌音区较高，音域较宽，所以全曲自始至终应以气息支持着声音的高低走向和轻重缓急。在强调头腔共鸣的同时，还应加强整体共鸣的运用。为了表现主人公的心情，声音要甜美柔和、明亮圆润，吐字要亲切清晰。要以内在的丰富感情，刻画出情深义重，期盼亲人相逢的意境。

☞**教学范例8**

　　歌曲《美丽的西班牙女郎》

☞**教学提示**

　　这首西班牙民歌热情饱满，情绪十分热烈。全曲由两个大的段落构成。第一段旋律以激进为特点，节奏鲜明，显得坦率真挚，尤其是该段落结束时的变化音，给人以新颖和独特感。第二段采用复乐段结构，在同主音大调上展开，长短交错的节奏、跳动的音调以及调式变化使旋律十分明亮、激昂，感情炙热、奔放，给人以美的感受。

　　演唱时要求：①气息深沉饱满，保持声音高位集中。②吐字清晰，节奏明快。③腔体充分打开，喉头放松，使声音流畅连贯。④体会歌曲情绪，使演唱热情、活泼。

美丽的西班牙女郎

1=F 3/4

[意] V.奇阿拉 词曲

(i - 176 | 5 #45 | 6 - 65#4 | 3 #23 | 5 - 543 | 2 1 2 | 3 - 321 |

767 | (i - 176 | 5 #45 | 6 - 65#4 | 3 #23 | 5 - 543 | 2 3 2 |

i 1 1 | 5 7 7 | 1 1 1 | 5 7 7 | 1=bA 6 3 3 | 6 3 3) | 3 3 3 | 3 4 5 |
　　　　　　　　　　　　　　　　　　　　　　　　　　　　　美丽的　西班牙

4 5 4 3 - | 3 - - | 2 2 2 | 2 3 2 1 7 | 6 - - | 6 - - | 3 3 3 | 3 4 5 |
女　郎，　　　　　人们都 热 爱着 她，　　　　　　　　到处的 人们都

4 5 4 3 - | 3 - - | 2 2 2 | 2 3 2 1 7 | 6 - - | 6 - - | 7 7 7 | 7 1 2 |
称　赞，　　　　　她多么 活 泼漂 亮。　　　　　　　　美丽的 西班牙

3 - 1 | 3 - - | 7 7 7 | 7 1 2 | 3 - - | 3 - - | 6 6 6 | 6 7 6 5 4 |
女　郎，　　　　　西班牙 美丽的 花，　　　　　　　　她那双 迷 人的

3 1 2 | 3 - - | #2 2 2 | #2 3 2 #1 7 | 3 (4 4 | 3 4 4 | 3 4 4 | 3 4 4 |
眼　睛，　　　　　打动了 每 一颗心，

3 0 0) | 3 - - | 1=F 3 - - | 5 - - | 5 - - | 7 - - | 7 2 4 | 6 - 7 |
　　　　啊！　　日　日　夜　夜　　　　　我愿在 她身

5 - - | 5 - - | i 0 i 0 | i 0 7 0 6 0 | 7 0 7 0 | 4 - - | 7 0 7 0 |
旁，　　　　　啊！我 多 情的 女　郎 啊！　　　　为 我

7 0 6 0 5 0 | 6 0 6 0 | 3 - - | 3 - - | 5 - - | 5 - - | 7 - - | 7 2 4 |
尽情地 歌唱 吧，　日　日　夜　夜　　　　　我愿在

6 - 7 | 5 - - | 5 - - | i 0 i 0 | i 0 7 0 6 0 | 7 0 7 0 | 4 3 4 |
她身旁，　　　　　啊！我 多 情的 女　郎 啊！为我

5 4 3 | 5 7 i | i - - | i - - | i - 0 ‖
尽情地 歌唱 吧

教学范例9

歌曲《美丽的村庄》

美丽的村庄

1=♭E 2/4

意大利民歌

```
3·4 | 5555 | 1 5·5 | 42· | 205 | 7776 | 54 | 3 - | 3 3·4 |
看那  东方升起  金色的 太阳      它 放射 灿烂 光  芒,      照
1·2 | 3333 | 5 3·3 | 2 7· | 702 | 5554 | 32 | 1 - | 1 1·2 |

5555 | 1 5·5 | 42· | 206 | 5 554 | 32 | 1·1 35 | 1 0 0 |
耀着我们 繁荣的 村庄,    让  美丽的 鲜花 齐放, 啦啦啦啦 啦
3333 | 5 3·3 | 2 7· | 704 | 3 332 | 17 | 1 -  | 1 0 35 |
                                                  啦啦

6·6 61 | 446 | 5555 55 | 335 | 4444 46 | 2222 24 |
啦啦啦啦  啦啦啦 啦啦啦啦啦啦 啦啦啦 啦啦啦啦啦啦 啦啦啦啦啦啦
4  06 | 2 04 | 3   05 | 103 | 2   04 7 | 02 |
啦  啦  啦 啦   啦    啦  啦 啦 啦  啦 啦   啦

3333 53 | 11 35 | 1 77 | 2 6· | 6 - | 62 45 | 76 |
啦啦啦啦啦啦 啦啦啦 啊。我那 美丽的 村庄,       你真像 一位
1    - | 1 0 0 | 0 0 | 06 24 | 6·5 43 | 4 - | 0 0 |
啦              啊  美丽的  村  庄,

1·5 | 5 - | 51 35 | 65 | 7·6 65 | 7·6 65 | 7·6 65 |
女皇,       笼罩着 阳光, 山谷里面 鲜花怒放 色彩缤纷
0 5·13 | 5·4 32 | 31 35 | 43 | 2·2 21 | 2·2 21 | 2·2 21 |
啊  一位女  皇,

6·5 54 | 3 - | 3 - | 31 35 | 17 | 2 6· | 6 - |
灿烂又辉 煌              你仿佛 正在 歌唱,
4·3 32 | 1 - | 1·1 76 | 5 0 0 | 0 0 | 06 24 | 6·5 43 |
灿烂又辉 煌。           你仿佛 正在 歌
```

第三节 歌唱发声要领

```
6 2 4 5 | 7 6· 6 | 1̇ 5· | 5 - | 5 1 3 5 |
和平的   歌声在  飞 扬。          好像是

4 - | 0 0 | 0 5 1 3 | 5· 4 3 2 | 3 1 3 5 |
唱,           和平的  歌声飞 扬,好像是

6 5 | 7· 6 6 5 | 7· 6 6 5 | 7· 6 6 5 | 6· 5 5 2 | 1̇ - | 1 - ‖
诉说, 谁要追求  幸福生活, 请快来到  我们村 庄。
```

☞ **教学提示**

歌中涌动着欢乐与童真，嗓音应该清澈透亮，全无做作，一派天真率性，如童真明晰清纯。曲调轻松活泼，如诗如画，令人沉醉。演唱时注意咬字清晰，唱得轻巧、整齐、有活力。

☞ **教学范例 10**

歌曲《青年友谊圆舞曲》

青年友谊圆舞曲

$1=C \ \frac{3}{4}$

```
5 1̇ 1̇ | 3 5 5 | 1·1 3 | 5 - - | 5 1̇ 1̇ | 3 6 6 | 2·2 3 | 6 - - | 1 5 3 |
蓝色的 天空像  大海一 样,     广阔的 大路上  尘土飞 扬;     穿森林
欢乐的 歌声在  回旋荡 漾,     歌颂着 我们的  幸福时 光;     亲爱的
白鸽在 天空中  展翅飞 翔,     青春的 花朵在  心中开 放;     年轻的

2 1 4 | 6·3 5 | 2 - - | 3 5 1̇ | 6 5 3 | 4·3 2 | 1 - - | 3 6 6 | 4 1̇ 1̇ |
过海洋 来自各  方,     千万个 青年人  欢聚一 堂。     拉起手 唱起歌
朋友啊 心连着  心,     我们有 共同的  美好理 想。     拉起手 唱起歌
朋友啊 团结起  来,     为和平 为友谊  献出力 量。     拉起手 唱起歌

7· 6 5 6 | 3 - - | 5 3 3 | 2 1̇ 7 6 | 5· 6 7 | 1̇ - - ‖
跳 起舞 来,      让我们 唱 一 支  友谊之 歌。
跳 起舞 来,      让我们 唱 一 支  和平之 歌。
跳 起舞 来,      让我们 唱 一 支  团结之 歌。
```

☞ **教学提示**

①能用正确的歌唱姿势、饱满的声音演唱。感受歌曲所表现的青年人热爱和平、珍惜友谊的崇高精神。

②歌曲每小节都有一处大跳或小跳,演唱时应注意音准和气息位置。波浪式的旋律进行具有推动力,情绪饱满自豪,突出年轻人欢乐激荡的心情。

☞教学范例11

歌曲《达坂城的姑娘》

达坂城的姑娘

(三部合唱)

维吾尔族民歌
亦弛 改编

$1=\,^\sharp F\ \dfrac{2}{4}$

中板 快乐地

```
(3 4 5 6  5 3 | 5 4 3 2  1 1 | 2 3 1  2 1 7 | 6 0 6  3 6 6) |
```

```
6666 11 | 2321 16 | 231 231  2    6 | 3#232 36 |
达坂城的 石路   硬又 平呀   西瓜 大又 甜    呐  哪里来的 姑娘

0   6666 | 11 2321 | 16 231  2 31  2 | 6  3#232 |
    达坂城的 石路 硬又   平呀 西瓜 大又 甜   呐  哪里来的

0   0   | 6·666 11 | 6·666 123 | 6·666 66 | 60   0 |
         啦   石路  啦   西瓜  啦   亚克 西
```

☞**教学提示**

这首以"达坂城的姑娘"为主题的吐鲁番民歌,保留着浓厚的民族特色。其特点是以歌为主,载歌载舞。起之徐缓平稳,逐渐加快,趋于高潮,最后以欢快的音乐和热烈的舞蹈结束。

☞**教学范例 12**

歌曲《微山湖》

☞**教学提示**

①此曲曲调优美流畅,节奏细腻多变,高潮部分的衬腔,乐句间调式的游离,使这首歌曲独具风格,尽情抒发了对游击健儿的赞颂之情。

②演唱时情绪要饱满,声音的线条要流畅,用甜美的音色来表达为祖国解放立下丰功伟绩的英雄们的赞颂之情。

四、打开喉咙歌唱

歌唱时,打开喉咙、稳定喉头,是歌唱基本功训练的核心,喉头位置是协调呼吸器官的运动,是获得稳定、流畅声音效果的关键。打开喉咙用"打哈欠"的方式,用"微笑"状态来打开喉咙,胸口发音不能憋,声音落到底,气息通畅。腔体上下要"张开"。歌唱中,喉结自然下沉,要"忘掉喉头",喉咙要"宽"、"松"、"稳"。

☞**教学范例 1**

歌曲《五十六个民族五十六朵花》

☞**教学提示**

歌唱状态要积极，声音打开，呼吸保持流动感；稳定，强调运用混声共鸣的音色；注意保持呼吸的对抗感，母音歌唱时字音清晰、明亮，连接自然、连贯，带有歌唱性。吐字清晰，气息深长。

☞**教学范例2**

歌曲《贝加尔湖畔》

☞**教学提示**

《贝加尔湖畔》是歌手李健演唱的一首歌曲，属于俄罗斯风格的民谣曲风。温暖的曲调仿佛让听者置身于美丽的贝加尔湖畔。演唱时感情要真挚、内在，好似低回吟唱。声音要空灵悠扬。

五、良好的中声区

歌唱过程中，中声区是唱歌的基础，歌者应多在中声区下功夫，不要急于唱高音。练习时，先从中声区以中、小音量开始练习，再慢慢向较高一点或较低一点的音域发展，要遵循由易而难、循序渐进的原则，轻松流畅，不费力，为演唱高音打开通路。不要强求音量，而是要自然，做到音色优美和声音灵活。呼吸要力求自然，有弹性，积极向上，有支持点。喉头稳定松弛，不论唱高、低不同的音，喉头的感觉都在一个位置上。声音要往外送，声音要连贯、统一、圆润。

☞**教学范例1**

歌曲《吉祥三宝》

☞**教学提示**

这首蒙古歌曲采用说唱、对话形式演唱。每一段都提到"吉祥三宝"，"太阳月亮星星是三宝"，"爸妈女儿是三宝"之类，但用汉语唱不顺。共有女声，男声、童声三种不同音色。妈妈的声音柔和清丽，爸爸的声音深沉浑厚，孩子的童声听起来明亮清脆。通过说唱的表演方式一起赞美"我们"幸福快乐的家。

☞**教学范例2**

歌曲《为了谁》

☞**教学提示**

这首歌唱遍了祖国大江南北，感动了无数华夏儿女。这感人肺腑的旋律让人们体会到人民子弟兵一心想着人民，英勇顽强、奋不顾身的崇高品质，激发我们热爱解放军、热爱祖国的情感。演唱时呼吸支点准确、喉头稳定，在呼吸上歌唱，音色明亮、通畅，母音交替时气息支持小巧，练声曲歌唱富有表情，传达流畅、自然，圆润的声音形象。

六、关于换声区

换声区应该"忘掉喉头"，胸口往下找气柱。"耳朵听着，好似看着。"声音在咽腔响。音域升高变母音，腔体"打开"要舒张。呼吸支点稳定，对抗自如，富有弹性，声音声带不躲，要敢唱。要有混声共鸣和上下的流动感，音色统一，声音线条流畅，随着旋律的上行控制好力度，要有歌唱的美感。声带上不准挂音，不准用劲儿。

☞ **教学范例 1**

歌曲《照镜子》

照 镜 子

罗马尼亚民歌
考什布作词

$1=^{b}B \quad \dfrac{2}{4}$

3 6 6 7	1 7	6 6·	6 0	1 1 1 1	3 2

妈妈 她到　林里　去 了，　　　我在 家里　闷 得
镜子 里面　有个　姑 娘，　　　那双 眼睛　又 明
看我 长得　多么　漂 亮，　　　谁能 说我　不 够

| 1 1· | 1 0 ‖: 3 3 3 3 | 4 3 2 1 | 2 2 2 2 | 3 2 1 7 6 |

发 慌。　　墙上 镜子 请你 下来 仔细 照照 我的 模样
又 亮。　　镜子 里面 不是 我吗 脸儿 长得 多么 漂亮
漂 亮？　　妈妈 给我 做了 一件 多合 身的 绣花 衣裳

| 3 6 6 6 | 7 1 2 1 | 3 4 | 5 4 :‖ 7 1 7 | 6 0 ‖

让我 来把　我的 房门　轻轻　关 上，　轻轻 关 上。
耳边 戴着　一朵 鲜花　美丽　芳 香，　美丽 芳 香。
妈妈 有了　我这 女儿　多么　欢 畅，　多么 欢 畅。

☞ **教学提示**

《照镜子》是一首罗马尼亚民歌，歌中表现了一个姑娘欣赏自己美丽的容貌，更珍惜自己青春生命的美好情感。歌曲短小简洁、轻松活泼，旋律优美动听。歌唱呼吸积极而有弹性，喉头应稳定，注意顿音与连音的对比处理。

☞教学范例 2

歌曲《今天你要嫁给我》

☞教学提示

《今天你要嫁给我》，蔡依林首度与陶喆合作的抒情浪漫小品。男女组合的歌手搭配、精湛的歌唱实力，朗朗上口的民谣旋律、优美轻快的口琴吹奏使得这首歌广受听众欢迎。轻快的曲风，甜蜜到让人心中都会沁出一丝丝的甜来。《今天你要嫁给我》已成为恋人心中共处浪漫季节的最佳合唱曲。

☞教学范例 3

歌曲《爸爸去哪儿》

☞教学提示

歌词朗朗上口，亲切调皮又不失温馨。歌曲悠扬动听的旋律十分流行，充满了童真、童趣、童言。

七、高音区的练习

高音区具有明亮、丰满、松弛、圆润，且富有金属色彩的、共鸣的音质。要具备这种声音灵活，刚柔兼备的声音，歌唱时双肩要放松，胸脯要自然挺起，两肋扩展开，小腹要略向回收，并且保持这样一种积极向上的状态。打开鼻咽腔，把声音哼到头上去。多练"哼鸣"练习，你能哼到哪里，就能唱到哪里。头腔有振动感，是面罩共鸣的唱法。拢住共鸣点，声音胀满鼻咽腔。

高位置、高泛音的训练可以模仿小声哭泣的感觉，小声练有利于体会和寻找具有这种优美音色的面罩共鸣。要做到音高、气息大、嗓眼儿小。

☞教学范例 1

歌曲《幸福歌》

☞教学提示

这首歌曲是由民间歌手蒋桂英根据湖北天门的民间小调改编而成的歌曲，歌曲采用了领唱和合唱相结合的演唱形式。分为两部分，前一部分以重复的手法巩固了主腔的地位，第二部分以扩充的手法将情绪推向高潮。其旋律表现出细腻、婉转、抒情、高亢的特点，具有浓郁的南方民歌的风格。本歌以优美、轻快的旋律，表现出人民在党的领导下幸福快乐的生活画面。

幸福歌

湖北民歌
何火编词
蒋桂英编曲

$1=C$ $\frac{2}{4}$

(齐)
| 2̇ 1 2 | 1̇ 2 1̇ 5 | 1̇ 5 1̇ | 1̇ 2 | 1̇ 5 1̇ | 1̇ 2 |

1. 太阳啊　一出哎　笑哎呵　呵哎，笑哎呵　呵哎
2. 太阳啊　一出哎　笑哎呵　呵哎，笑哎呵　呵哎
3. 太阳啊　当顶哎　笑哎呵　呵哎，笑哎呵　呵哎
4. 太阳啊　落上哎　又哎落　坡哎，又哎落　坡哎，

(领)　　　　　　　　　　　　　　　　(齐)
| 5 6 4 | 5 6 5 | 5 2 3 | 5 1̇ | 5 2 3 | 5 1̇ |

开口就　唱　　幸哎福　歌哎，幸哎福　歌哎
人人唱的　幸哎福　歌哎，幸哎福　歌哎
村里粮食　收哎得　多哎，收哎得　多哎
收工也要　唱哎山　歌哎，唱哎山　歌哎

(领)　　　　　　　　　　　　　　　　(齐)
| 1̇ 2 5 5 | 1̇ 3 | 2· 1̇ | 1̇ 5 1̇ | 5·3 | 1̇ 5 1̇ | 5·3 |

天上的星星　千哪万颗，千哪万颗，
娃娃从小　学哪着唱，学哪着唱，
天天吃的　白哪米饭，白哪米饭，
唱得河水　上哪山岭，上哪山岭，

| 1·5 1̇ 2 1̇ | 3 5 | 5·1̇ 5 | 3 5 1̇ 5 | 3 5 1̇ 5 | 3 5 5 6 5 3 | 1 - |

村里新事比星多　呀嗬咿嗬　呀嗬咿嗬　呀嗬咿　嗬。
婆婆无牙也唱歌　呀嗬咿嗬　呀嗬咿嗬　呀嗬咿　嗬。
谷子堆得如山坡　呀嗬咿嗬　呀嗬咿嗬　呀嗬咿　嗬。
唱得金谷接云朵　呀嗬咿嗬　呀嗬咿嗬　呀嗬咿　嗬。

1.2.3.
| (3 5 1̇ 5 | 3 5 1̇ 5 | 3 5 | 5 6 5 3 | 1 1̇) :‖

4.
| 2̇ 1̇ 2 | 1̇ 5 1̇ | 1̇ 2 | 5· 1̇ 2 1̇ | 5̂ - |

唱得金谷　接哎云　朵哎　呀嗬咿嗬　嗬。

☞**教学范例2**

歌曲《泉水叮咚响》

☞**教学提示**

这首歌是一首花腔女高音歌曲。

高音区演唱时要安排好换气的位置，以保证足够气息。在平稳气息的支持下，连贯地

歌唱。适当打开咽腔，用连贯、起伏、流畅的音量演唱。咬字准确、灵活，吐字清晰，气息深长。注意换气技巧及音色、力度的变化。要求音色圆润甜美，才能将泉水叮咚状态活灵活现地表现出来，绝不可给人刺耳之感。

八、歌唱的共鸣

在歌唱中，要达到"通、圆、亮、柔"的声音，即气息畅通，声音自如婉转、圆润明亮，声色柔美松弛，音色干净饱满，需要良好的共鸣。共鸣分为头腔共鸣和胸腔共鸣。头腔共鸣是声音中最有魅力色彩的。具有明亮、光彩、辉煌、穿透力强的特点。其共鸣位置在咽壁，歌唱时，抬起软腭"打哈欠"，音响要灌入咽腔。声音反射找"焦点"，共鸣练习最好是用"哼鸣"来练习。胸腔共鸣常常在比较低的声部运用较多，要注意松弛，不要过分地追求胸腔共鸣而去压迫喉头，把浓重的喉音误认为是胸腔共鸣。

☞**教学范例1**

歌曲《山楂树》

☞**教学提示**

这是一首前苏联歌曲，歌曲描写了美丽的俄罗斯姑娘对美好爱情的向往以及内心的迷惘，3/4拍的节奏有很强的动感，旋律自然优美，舒展的节奏和流畅的旋律使音乐有一种荡漾之感。演唱时把握好三拍子的强弱特点，速度稍慢使音乐具有流动感。注意气息自然流畅，使声音保持柔和松弛的状态。和声二部演唱时，应注意音色的统一、对比和个别变化音的音准。

☞**教学范例2**

歌曲《青藏高原》

☞**教学提示**

歌曲气势磅礴，有力量，放荡不羁，听后就会让人有热血沸腾的感觉，音区横跨了三个八度，引子一开始，唱出一个明朗、高亢、山歌风的藏族山歌音调。演唱时衬词要明亮而宽广，位置要高。高音部分要唱得明朗、高亢，把听者带入到辽阔的青藏高原的意境中。中低音区则应该委婉低回，感情真挚。

九、歌唱的咬字吐字

歌唱时声音应"贴着咽壁，吸着念字"，咬字吐字在咽腔。字头唱得短、轻、准。字腹要长，往后送，胸口换字不能忘。咬字吐字应轻、快，抒情歌曲咬字应柔和、圆滑，字多的歌曲高音要唱在头腔。语音清晰、生动，要"字正腔圆"。

☞**教学提示**

这是一首花腔女高音歌曲。技巧主要在高音区的炫技演唱。需有优秀的高音区演唱技巧，要求嗓音圆润甜美，才能将一只小鸟愉快歌唱的状态活灵活现地表现出来。要做到"高音气大嗓眼儿小"。

☞**教学范例1**

歌曲《林中的小鸟在歌唱》

☞**教学范例2**

歌曲《山路十八弯》

☞**教学提示**

歌词就像溪水一样汩汩地流淌了出来——隔着山喊隔着水喊，喊土家山歌，声声都是喊，喊出了土家人的肝和胆，喊出了山山水水的情感。歌声高亢明亮，久久回荡，酣畅淋漓。源于湖北长阳的山歌，当地人不说"唱山歌"，而称"喊山歌"。"喊"出来的高腔比帕瓦罗蒂的还要高，可以高到三个高八度。演唱时载歌载舞，更有浓浓的巴腔楚调。

十、歌唱艺术中的声情并茂

声乐艺术是通过"声"与"情"的有机组合，感动观众。"声"与"情"是相互促进的，"声"是"情"的载体，"情"是"声"的灵魂。"情"是演唱声乐作品的感情，要运用丰富的表现手段，传达音乐作品的感情。演唱者要有自己的个性风格与神韵。在舞台上不仅要歌唱，又要进行"神形兼备"的舞台表演艺术。优秀的演唱是演和唱自然的融合，因此歌唱技术和歌唱表演是相辅相成，共存一体的。声乐表演的最终形式，是演唱者以美好的歌声与"神形兼备"的舞台表演艺术相结合，能使歌声更加传神，使表演更加形象化。

☞**教学范例1**

歌曲《二月里来》

☞**教学提示**

这是冼星海到延安以后写的第一部大合唱——《生产大合唱》中的一首歌曲，它的旋律舒展流畅，感情细腻真挚，线条柔婉。装饰音的运用，更增添了曲调秀美的抒情色彩，极具恬静的江南风味和浓郁的民歌风格。

☞**教学范例 2**

　　歌曲《前门情思大碗茶》

☞**教学提示**

　　这是一首京味儿十足的戏歌，歌曲吸收了北京曲艺音乐的素材，将我国的传统戏曲元素巧妙地融入到歌曲之中，并借用了大量的装饰音来处理歌词。在伴奏中使用了电子合成器模仿三弦、琵琶等音，让听众在大碗茶里细细品味中国戏曲文化的独特韵味。歌曲开始带有叙述的口吻，随着情绪的起伏，有时显得十分的激动，有时仿佛又回到了难忘的童年。旋律在高音区展开，表现出游子难以抑制的激动心情。通过"大碗茶"表现出海外华人不论走到哪里，祖祖辈辈都会对伟大祖国怀有一往情深的爱国意愿。此曲属于民歌唱法，融合了京腔京韵的特点，声音听起来很甜美，吐字清晰，音调高亢，富有表演性。

☞**教学范例 3**

　　歌曲《难忘今宵》

☞**教学提示**

　　①这首歌曲是 1984 年春节晚会的主题曲，是我国歌唱家李谷一的代表作之一。歌曲清新别致，深沉真挚，颇具古典风格。歌曲大量用一字多音的词曲结合，曲调十分婉转、曲折，抒发了天涯海角神州同胞的共同祝愿之情。

　　②这首歌曲中有较多的十六分音符和一字多音，演唱时要注意气息的控制，唱得从容、不急促。掌握好清晰流畅的声音来体现旋律线条的优美，以真挚的情感表达出对祖国的美好祝愿。

第四章 舞蹈表演

第一节 舞蹈的定义及特点

一、舞蹈的定义

舞蹈是以经过提炼、组织和艺术加工的人体动作作为主要表现手段，表达人们情感的一门视觉艺术（即是空间与时间紧密结合的一门动态的视觉艺术）。"乐"在中国古代是指诗歌、舞蹈、音乐三位一体的艺术，与今天单纯的音乐的概念不同，在"礼乐"课程里舞蹈与歌唱一样有着十分重要的作用，是用来表达感情的主要手段之一。

二、舞蹈的作用

舞蹈起源于劳动，与诗歌、音乐相伴而生，是人类历史上最早产生的艺术形式之一，作为意识形态，舞蹈总是鲜明地反映出人们不同的思想、信仰、生活理想和审美的要求，它既是供人欣赏和娱乐的艺术形式，更具有宣传及教育的作用。作为教育手段，舞蹈活动不仅可以培养教育对象具有健美的身体姿态，使之动作协调，富有节奏感、表现力，而且可以丰富、抒发、表达情感，起到良好的健身、健心的作用。舞蹈对人们（表演者、欣赏者）的心态、生理、情感、品德等多方面起潜移默化的作用，是逐步达到孔子所倡导的"兴于诗，立于礼，成于乐"的必要途径之一。

第二节 舞蹈基本动作与技能训练

一、舞蹈中的呼吸

呼吸在舞蹈表演中起着巨大的作用。它使我们的动作更具有了延伸感、韵律感，表演更富有艺术表现力。呼吸包括：①身体的呼吸，吸气时身体拉长展开，呼气时身体收敛内含；②头的呼吸，抬头时吸气，低头时呼气，转头时先吸后呼；③手臂的呼吸，以肩为轴，肘、腕依次向上带动吸气，向下带动呼气，体会手臂连绵不断的延伸感；④造型时的呼气，造型时，身体姿态不动，然后气息流畅自然，不僵硬。

舞蹈的呼吸不同于生活中的呼吸，后者平稳均匀，而前者是有弹性、有韵律、有节奏的。舞蹈的呼吸时而长，时而短，时而平稳，如何掌握运用呢？需要一个坚持不懈的训练过程。现在让我们在压腿组合中初步体会一下在基础训练中如何运用呼吸。

☞ **教学范例**

舞蹈组合《大海啊，故乡》

☞ **教学提示**

把杆组合《压腿》

1. 准备练习

45°面对把杆单手扶把，单背手，小八字脚位。前压腿：动力腿外开，双腿绷直，身体正对，脊柱拉直，肩线与动力腿成90度，前压时以胯为轴心，上体保持平直，向动力腿折叠。用前额触脚背。旁压腿：在前压腿的基础上，换手扶把，转体180°，身体与两腿成一个水平面。旁压时，以胯为轴心，上体保持平直，向动力腿折叠。用耳触脚背。体会运用呼吸：压、呼气；立、吸气（反复练习、体会）。这样练习使身体线条更易拉长，动作具有弹性，避免了僵硬和拉伤肌肉，提高了动作质量，更有利于软开度的练习。

2. 训练步骤

（1）教师完整示范，并且边示范，边讲解呼吸的运用。

（2）训练学生：

①双腿跪坐，双背手，听音乐，根据节拍练呼吸，找呼吸时身体的韵律感。

②练习单一的头的呼吸，然后与身体配合。

③先练习单臂波浪时的呼吸，再练习双臂波浪时的呼吸，呼吸越深，动作越大，情绪越高。

④大呼吸后双晃手造型，体会该动作的延伸感（眺望远方），双绷脚坐地展胸腰气息流畅。训练时先把动作揉碎，分解练习，再教单一动作，然后与身体配合，最后配音乐练习组合。

二、"起范儿"

"起范儿"是舞蹈俗语，指动作前的准备姿势，技巧前的准备动作。"起范儿"有其内在的规律，在舞蹈时，动作预前先后，预起先下，预左先右。也就是在动作前，先做相反的方向的预备起势，当"起范儿"与舞蹈中的呼吸有机结合时会让表演者的舞蹈更有表现力。

☞ **教学范例**

舞蹈组合《梅花三弄》

☞ **教学提示**

1. 准备练习

（1）韧带的拉伸练习

前腿：身体斜45°面向把杆，手扶把杆，前腿抬上去，做拉伸动作。

旁腿：身体侧面对把杆，将腿放上去，做侧面拉伸动作。

后腿：身体背对把杆，将腿放上去，向下蹲，做拉伸动作。

（2）腰部柔韧性练习

紧贴墙壁，向下塌腰，向身侧靠。目的是拉伸身体线条，使动作具有弹性，避免了僵硬和拉伤肌肉，提高了动作质量，更有利于软开度的练习。

2. 训练步骤

（1）教师启发并示范"起范儿"

（2）训练学生：

①训练不同的"起范儿"动作。

②引导学生根据音乐设计完成不同的"起范儿"。

③让学生根据音乐将起范与舞蹈呼吸相结合，完成古琴曲《梅花三弄》。

三、芭蕾擦地

这个动作术语是由 Battement（伸出的）和 Tendu（击打）两个单一术语合并组成的，是芭蕾基训入门的最基础的动作之一。正因为它简单易做，所以被列入基训的最初几个动作，但这个动作要认真地做起来，又并非像看起来那么容易，它的内涵贯穿"开、绷、直、立"全部真谛。从这个动作开始，以后其他动作的训练就开始走上规范。擦地的一个很重要的价值在于起到符合规范的活动作用。踝关节负担着舞蹈的很大重任，如果不踮起脚来，它就担负全部人体重量，因此，踝关节的轻灵、有力对舞蹈有至关重要的作用。擦地做得规范便有了根基，舞步就富有弹性，同时显得灵巧、轻盈、优雅，并且旋转时重心的垂直也有了控制力，起跳有了强大的推力（反作用力），落地有了如猫着地似的控制。

Battement tendu 一般在一位和五位上做。可以向前、旁、后方向进行。大体要求各个方向角度基本相同，但具体细节上还是有所不同的，不能漫不经心，随心所欲。下面具体介绍一下各个方向上的要求。

向前擦地：右脚用脚跟内侧的力量向前顶出。脚尖擦着地并渐渐把脚背绷直，使脚尖在正前方点地，（脚尖是指二脚趾尖的外侧着地）在不许出胯的限制下，尽量把擦出的脚尖伸向最远端并与支撑腿的脚跟保持一条直线。收回时靠脚尖先收的力量，擦着地按倒着擦出的顺序收回动作腿，站好五位（或一位）。

向旁擦地：右脚用正脚背的力量向旁推出，脚尖擦着地面在不出胯的限制下，把脚尖伸向最远端（脚尖是指大脚趾和二脚趾的尖端），与支撑腿的脚保持一条水平横线。收回时靠内收的力量，按倒着擦出的顺序收回动作腿，站好五位（或一位）。

☞ **教学范例**

  舞蹈组合《流畅》

☞ **教学提示**

  1. 准备练习

双手扶把，站一位。不动，听准节拍速度。

  2. 训练步骤

1-2 右脚向旁擦出点地

3-4 保持在外点地不动

5-6 右脚夹收回一位

1-8 一位上直立不动

1-8 同样的动作、节拍向前做

1-8 同样的动作、节拍向旁做

1-8 同样的动作、节拍向后做

  上面的组合是8小节做一次擦地，属于最慢的一种练习。待熟练后可一个8小节每个方向做两次擦地，或一个8小节每个方向做四次，成为一小节擦出，一小节擦回的中速练习。最后达到较快的一小节一个擦地来回。

  四、Jete（瑞代）

  Jete 原义为投掷、扔。通俗用语为小踢腿、踢腿小跳。Jete 在芭蕾基训中是一种力度训练的动作，幅度不大，只有25°高，但要求动作做得短促而有力，是舞蹈基训中必不可少的一个基本动作。Jete 对于训练动作腿的力度和在25°上的空间停留，以及绷脚用力、胯的控制都是有相当价值的，同时对于支撑腿的直立稳定也是有作用的。一般来讲动作腿越用力或幅度越大，对支撑腿来讲要求就越高，支撑腿应该比动作腿更有劲，才能控制人体重心的稳定。

  Jete 同擦地有不少相同之处，可以说它就是从擦地这个动作发展而来的，尤其是前旁后的三个方向的出去和收回，在规格要求上完全与擦地相同，腿的绷直、外开也都相一致，所不同的是擦地是在地面上做停留，而小踢腿是经过擦地后在空中25°的空间做停留，另外在力度上也有区别，小踢腿比擦地更用力，动作腿的踢出要像射箭般迅速敏捷。

  从通俗用语上看，Jete 在基训中有两种解释，一种就是上面已讲到的小踢腿，另一种是踢腿小跳。在术语的运用上为了不出错，都在 Jete 前面加上另外的术语作注明，如扶把上的小踢腿这个动作与擦地相同，那么小踢腿就应该叫做 Battement tendu jete（巴特

芒 唐迪 瑞代)。而作为小跳动作出现时，因与擦地小跳（阿桑勃雷）相似，也可以说踢腿小跳就是从擦地小跳发展而来的，那么它的全称就应叫 Assemble jete（阿桑勃雷瑞代)。

☞教学范例

舞蹈组合《理想与现实》

☞教学提示

1. 准备练习

左手扶把，又前五位，一位手。手经二位打开到七位。

2. 训练步骤

1-2 小踢腿向前一次收回

3-4 反复 1-2

5- 向前踢出

6-7 前小踢腿点地两次

8- 收回前五位

1-8 向旁动作相同，最后收回右后五位

1-8 向后动作相同

1-8 向旁动作相同，最后收回右前五位

五、中国舞蹈中的基本手位

1. 山膀位

山膀臂平抬于身旁，高度与肩平，开度与胸平，小臂微向前屈，臂成弧形，掌心向旁，指尖微向上。

单山膀：

女：以兰花掌形将手臂成圆弧形抬至身旁，位置略低于肩部，是为单山膀。如图 4-1。

男：以虎口掌形将双臂成圆弧形抬至身旁，位置略低于肩部，是为双山膀。如图 4-2。

2. 托掌位

臂成弧形，托于额前上方，掌心向前上方，食指对眉梢。如图 4-3。

3. 扬掌位

又称斜托掌，臂举旁斜上方，掌心向斜上方，肘微屈。如图 4-4。

4. 冲掌位

以上动作，是中国古典舞基本功教材中的常用基本舞姿，它们均是步位、手位、手形相互结合的结果。在中国古典舞基本功教材中，构成基本舞姿。

第四章 舞蹈表演

图 4-1 单山膀（女）

图 4-2 双山膀

图 4-3 前点步山膀托掌，又称顺风旗

图 4-4 扬掌位

图 4-5 踏步蹲冲掌（女）

图 4-6 弓箭步拧身冲掌

☞教学范例

1. 准备练习

（1）韧带的拉伸练习

前腿：身体斜 45°面向把杆，手扶把杆，前腿抬上去，做拉伸动作。

旁腿：身体侧面对把杆，将腿放上去，左侧面拉伸动作。

后腿：身体背对把杆，将腿放上去，向下蹲，做拉伸动作。

（2）腰部柔韧性练习

紧贴墙壁，向下塌腰，向身侧靠，做旁腰练习。

这样做的目的是拉伸身体线条，使动作具有弹性，避免了僵硬和拉伤肌肉；提高动作质量，更有利于软度、开度的练习。

2. 训练步骤

①教师完整示范，并且边示范，边讲解各个手部动作的要领。

②引导学生完成各种不同的手部动作，同时讲解动作的重点及难点。

③练习不同的手部动作。

④引导学生根据音乐设计出不同的手部动作组合。

六、云手

云手是中国舞蹈中常用的手形之一，如图 4-7-1、图 4-7-2、图 4-7-3、图 4-7-4，分为以下几种类型：

图 4-7-1 云手

图 4-7-2 云手

图 4-7-3 云手

图 4-7-4 云手

1. 基本云手

练习基本云手时，要求双手交叉胸前时要保持圆臂，要含胸提气。双手配合的感觉要像在胸前揉抚一个圆球一样，完成云手的过程中身体也要随之提、仰、含、沉，眼睛要先跟随上面的手，后跟随下面的手，要有浑厚的内涵气质。节奏处理基本上同"云肩转腰"一样，先做连绵不断的慢速动作，然后在慢中给以"点"的处理，强调轻重缓急的节奏变化。

2. 冲靠云手

在基本云手的基础上，加以上身冲靠为动律带动云手的同时加上脚的前后移动重心，整个过程要完成两次上身的冲靠，两次脚步的前后移重心。手腕在揉球过程中是连续地盘腕。

3. 大开大合云手

强调"横拧开合"的技术要领。要尽量挺拔上身并横拧，二位手臂要向后打开一些，上下身较劲产生一种"拧麻花"的形态。左臂要尽量后掰，之后从头前绕过，接着变"走上身留下身"动律转体过来。

4. 波浪云手

又称"云手大揉球"。起始动作要比基本云手舒展一些，上身要经过右旁提—后仰身—左旁提的大幅度运动过程，双手间距要适当放大。腿部要有弯曲移动重心的过程，身体要有深含的过程，右手"反平穿"，左手"正平穿"，带动直腿立腰，又成右旁提，与前面左右对称。适合用一些强烈的、伸展的、多变的旋律性强的伴奏音乐。

☞教学范例

舞蹈组《彩云追月》

☞教学提示

1. 准备练习

（1）下胸腰练习

先热身，顺序为头、手、胯、肩、胸，依次向后、向下弯曲。不要深呼吸，眼向后看。记住脚、腰、胯不能弯。

（2）紧贴墙壁，向下塌腰，向身侧靠，做旁腰练习。

目的是增加身体的柔软度，为舞蹈学习做好准备。

2. 训练步骤

（1）教师示范并讲解云手的动作过程及动作要领。

（2）引导学生根据音乐的节拍起伏完成云手。

建议根据学生的基础及学习进度，有选择性地分多个教学时段完成。

七、傣族舞

傣族舞是傣族古老的民间舞，也是傣族人民最喜爱的舞蹈。流行于整个傣族地区，以瑞丽县和耿马县孟定的孔雀舞为代表，而且有不少以跳孔雀舞为生的职业艺人，他们模仿孔雀：飞跑下山、漫步森林、饮泉戏水、追逐嬉戏、拖翅、抖翅、展翅、登枝、歇枝、开屏、飞翔等。傣族舞有着丰富多彩的舞蹈动作和富于雕塑性的舞姿造型。他们的舞蹈有严格的程式和要求，有固定的步法和地位，甚至每个动作都有固定的鼓语伴奏。

"三道弯"是傣族舞蹈富有雕塑美的典型的基本特征。第一道弯从立起的脚掌至弯曲的膝部，第二道弯从膝部到胯部，第三道弯从胯部到倾斜的上身。手臂的动作也是三道弯：指尖至手腕，手腕至肘，肘至臂。腿部的动作还是呈三道弯：立起的脚掌至脚跟，脚跟至弯曲的膝，膝至胯。基本手型有：掌型、曲掌型、冠形（模仿孔雀头）、嘴型（模仿孔雀嘴）、爪型（模仿孔雀爪）等；基本脚型主要有形成三道弯的勾绷脚；基本手位有："低展翅"、"平展翅"、"双合翅"、"抱翅"、"JI质展翅"等。其舞姿造型上的"三道弯"即是模仿栖息在树桩上的孔雀那长长的尾翅垂下来的自然的三道弯形态。傣族人民生活在亚热带地区，由于天气湿热，又生活在"宁静的田园"中，人们不喜欢激烈的活动，所以舞蹈动作较为平稳，仪态安详，跳跃动作较少，节奏大多为2/4拍，舞蹈基本动作多为腿保持半蹲状态，重拍向下，双膝在弯曲中屈伸、动作，以屈伸带动身体颤动和左右轻摆；脚多为脚后踢，踢起时快而有力，落地时轻而稳，这种律动不仅模拟孔雀行走时的步态，还颇像大象在森林中的漫步，具有一股内在的含蓄健稳的力量美。"三道弯"和"一顺边"两者融合后形成多种柔媚线条的组合，体现出傣族舞蹈特有的安详、舒缓的规律特点。舞姿"一顺边"来自于人们的劳动生活，如傣族姑娘挑水、挑谷、扬场劳动时的步态和形态。又如农家活中，手拿特大的簸扇风筛选谷时，手、脚、身体一致，都顺着一个方向，因而在舞姿造型上不仅有"三道弯"的特点，也具有"一顺边"之美。

☞ **教学范例1**

傣族舞组合《小池边》

☞ **教学提示**

1. 准备练习

（1）双手向上拉伸，让腰部充分伸展，向左侧弯腰，使腰部韧带得到拉伸。再向相反方向弯腰。

（2）进行压腿练习，向下弯腰，用手去摸脚尖，膝盖不要弯曲，使腿部韧带得到锻炼。目的是热身、拉开肌肉，为更好地完成动作做准备。

2. 训练步骤

（1）教师示范并讲解傣族舞手部动作，示范一位手到七位手的动作过程及动作要领。

①一位手：提肘，放在胯的两边部，手心向外，保持手部的三道弯的曲线；

②二位手：手臂抬至胸前，手背相对，肘关节弯曲；

③三位手：手型保持不变，手臂上举至头顶，并保持手背弯曲；

④四位手：左手不变，右手慢慢落至胸前；

⑤五位手：左手不变，右手打开；
⑥六位手：手型不变，右手落下；
⑦七位手：手型不变，右手打开；
（2）跟音乐进行傣族舞手位练习。

☞教学范例2

舞蹈组合《月光下的凤尾竹》

☞教学提示

1. 准备练习

（1）双手向上拉伸，让腰部充分伸展，向左侧弯腰，使腰部韧带得到拉伸。再向相反方向弯腰。

（2）进行压腿练习，向下弯腰，用手去摸脚尖，膝盖不要弯曲，使腿部韧带得到锻炼。目的是热身、拉开肌肉，为更好地完成动作做准备。

2. 训练步骤

（1）教师示范并讲解傣族舞脚步动作，讲解动作过程及动作要领。

（2）基本脚位：正部位

①身体正对一点，准备：双手叉腰，大拇指向后，身体收紧，膝盖微微蹲下。

②胯摆向左侧，蹲的时候，经过一个下弧线，将胯摆向右侧，同时左脚向后踢，勾脚。

③同样的动作要领，向相反的方向做动作。

④将动作连起来。

注意：重拍在下，长蹲，短起。

（3）旁点地

①先经过一个正部位，右脚打开，脚尖点地，脚后跟离开地面。

②胯倾向左侧，保持动作幅度。

③再经过一个正部位，向相反的方向打开左脚，脚尖点地，脚后跟离开地面。

④胯倾向右侧。

（4）前点步

①先经过一个正部位，右脚打开，脚尖向前点地，脚后跟离开地面。

②膝盖弯曲。胯倾向前拧，左肩向后，身体向后靠，保持动作幅度。

③再经过一个正部位，向前方伸出左脚，脚尖点地。

④右胯前拧，左肩后拉，身体向左后靠。

第五章 舞台表演

舞台表演是指以语言、动作、舞蹈、音乐、木偶等形式达到叙事目的的舞台表演艺术的总称，是以表现自然生活形态为基点的门类艺术。它有四个元素，分别是"演员"、"故事（情境）"、"舞台（表演场地）"和"观众"。不同的表演门类在表现形式、创作过程的手段上虽然有着不同的方法与效果，但基本素质和专业技巧是相同的。

舞台表演要求演员具有的表演能力为五力和六感。五力：观察力、想象力、感受力、理解力、应变能力。要求演员具有：丰富的想象力、敏锐的观察力、专注的注意力、机智的反应力、灵活的适应力、牢固的记忆力、鲜明的表演力和准确的理解力。六感分别是：分寸感、幽默感、信念感、节奏感、形象感及真实感。

表演学习是循序渐进的，要求每个学生按照自身的条件进行从消除形体和心理上的紧张到放松、从想象到组织行动、从注意力集中到交流、从呼吸发声到朗诵等不同阶段的不断练习，同时要求学生学会观察生活，并把观察到的材料描述或表演出来，为创造人物积累生活素材。

欧洲国家一般从小学教育阶段便开始表演课程的训练，由专业演员进行教导、排练。据资料统计说："学会一些表演方法，会对学生们将来的事业有着美妙的作用，当他在会议上阐述自己的计划，一定会比没有学过表演的人更有煽动力，更能激发团队的活力。"

第一节 松弛与控制

松弛，指的是肌体和心理处于一种和谐状态。心理的紧张会导致想象力停滞，会导致外部形体的僵化。只有身心轻松才会充分发挥人的创作力和想象力。

☞教学训练1：自我介绍

☞教学步骤

学生围成一个圆圈，间距为一臂之长，每人依次用音乐向大家介绍自己，可以是真实的自己，也可以是假定的你。

☞要求

（1）在进行自我介绍时要求配合音乐，做一个以上的肢体动作。

（2）在练习之后教师不加点评，只需学生谈练习前后的感觉。

☞**教学目的**

1. 建立轻松愉快的团队，在团队中互相熟悉，愉快合作。
2. 学会用音乐及动作来表达内容。

☞**教学训练 2：行走**

☞**教学步骤**

1. 让学生在舞台上，从左走到右。教师播放不同节奏、不同风格的音乐，学生要根据音乐来选择行走的模式。可以匆匆而行，可以悠闲自在，可以东张西望，可以满面春风，可以愁容满面……
2. 可以单独一个人，也可以几个人同时进行，每个人按自己的想法赋予行走不同的内在情绪和外在节奏。
3. 在进行中途时，老师发出"停！"的口令，每个学生立即停止动作，保持一个静止的造型。随后，教师换不同风格的音乐，再发出"走"的指令，大家根据自己的想象既可以继续未完成的动作，也可以改变行进的方向和节奏。
4. 练习结束后，每人谈谈自己行动的目的：你是谁？去哪里？为什么去？

☞**教学目的**

1. 寻找行动的内容"做什么"，让我们进入艺术创作。
2. 寻找到推动行动的欲求"为什么做"。
3. 寻找生动、具有个性的行动"怎么做"。

这个练习可以反复进行几遍，在再度练习中可以展开想象去丰富自己的行动，然后回忆一下，有目的的行走和没有目的的行走，从肢体到心理的区别。

☞**注意**

舞台艺术在反映现实生活时，它的主要手段是行动。

☞**教学训练 3：会说话的眼睛**

眼睛是心灵的窗户，一个无言的眼神往往会传递最敏感的信息，情绪可以用语言来掩饰，但眼神却会暴露内心。

☞**教学步骤**

（1）对视：

学生分两排面对面坐下，全身放松，轻轻闭上双眼，眼球向左、向右、向上、向下转动，每转动一个方向都要停留三秒。然后慢慢睁开眼睛平视、互相、对视片刻，然后轻轻闭上。

　　教师再发出口令"睁开！"大家立刻睁开眼睛，用力瞪视对方，片刻再慢慢闭上眼睛。

　　（2）信息传递：

　　教师播放音乐。

　　音乐中，一个男孩一个女孩各自在低头看书。

　　男孩抬头注视女孩。

　　女孩发现被人盯视，抬头瞪眼，表示不满。男孩迅速把视线调整为似在看远处，女孩发现男孩看的并不是她，就顺着男孩的视线看过去，但并没有发现什么，她有上当之感，狠狠瞪了男孩一眼。

　　她发现男孩头上有个东西在飘动。男孩收回视线，发现女孩在看自己，便误以为女孩对自己有意，刚要表示什么，却发现女孩在注视着自己头上，便下意识地摸了摸，发现有两片树叶子，取下后，目光中透出了感激。

　　两人又低头看书。

　　稍停，两人同时抬头对视，后又低头看书……

　　训练结束后同学们先谈，从这两个同学的表现中感受到什么，他们表演的是什么。再让表演的同学谈自己的想法，比较一下其间的差距。

☞**教学目的**

　　（1）训练眼睛的表现力。

　　（2）训练学生对音乐的感受力与表现力。

☞**注意**

　　（1）教师在准备音乐时，需要选择节奏变化明显的曲目。

　　（2）练习可以多种多样，但不可以用手势和语言，要全凭眼睛来传递内心活动。

☞**教学训练4：会说话的手**

　　手势是演员进行舞台创作的重要手段，灵活的手势才能适应戏剧人物内心的各种变化。

☞**教学步骤**

　　（1）要求学生用单手或双手做十个具有行动性的手势，如招手、摆手、挥手、举拳等，并用不同的心理依据改变这个动作的性质。

老师在学生做练习的过程中发出"停!"的口令,学生的手势要马上停止,不论有没有完成,同学之间可以用眼睛观察,但手不能动,教师再次发出"做!"的口令后学生再继续完成剩余的动作。

(2) 双人练习:

两人一组进行表演练习,选择一段音乐,根据音乐的节奏进行表演。设定一个犹如电影特写镜头的空间,只能看见两只手,让学生用两分钟时间,简单设定人物关系,规定情景和内容。

如:

A 交一封信给 B,B 接过去,打开信取出,看信。A 不安地等待,B 把信叠好,放进信封,然后交回给 A。A 伸手去拿,两人的手无意间接触到,各自立即撤回,稍停,B 又把信递还给 A。A 伸出手,但没有接信(两人的手都停在那里)。A 突然紧紧拉住 B 的手,B 想抽回手,但最终还是接受了。A 用双手紧握着 B 的手,连同那封信。

☞**教学目的**

(1) 认识体验与体现的关系,并且努力寻求独特的表现方式。
(2) 体会音乐在表演中的作用,不同的音乐会产生不同的动作及表演节拍。

☞**注意**

在练习中同学之间尽量不要模仿别人,力求新意。

第二节　交流与适应

交流是指人物与人物之间、演员与音乐之间,在思想、情感、目的、欲望上相互给予的刺激和反应。适应,则是它们在思想、情感、目的、欲望上互相给予、互相影响时所采取的回应方式。

互动是舞台艺术的第一要素,互动、倾听、回应,是全面了解对方必不可少的三步,在表演过程中没有真正的交流,就不可能有适应,没有适应就无法推动表演的进行。

成功的演出使观众和演员之间分享激情,形成认同和共识,观众会给演出中的交流赋予新的含义,他们的笑声和眼泪,是演员最需要的灵感和激情源泉。

交流,从形式可分为:

(1) 自我交流:是演员在行动中与自己的思想、情感之间的交流。
(2) 与想象中的对象交流:他没有真正的交流对象,是人物虚构的幻想。
(3) 与同台演出者的交流:这是表演中最主要的交流形式,与对象进行内心的交流,可以把人物之间的行动紧密联系在一起。

第五章 舞台表演

☞**教学训练1：相见**

☞**教学步骤**

（1）老师播放音乐，学生在场地内根据音乐节奏任意行走，互相之间距离不要太大，老师停止播放音乐，全体学生停止行进，然后教师播放节奏舒缓的音乐，学生根据音乐的节拍，开始互相碰触身体，双脚不得离开地面。这种练习反复几次。

（2）练习方法同前，但这一次需要同时碰触两个人。可以用上手、脚、头等。

（3）全体学生两人一组，在场地内根据音乐节拍任意行走，教师发出口令，全体学生打乱继续行走，教师音乐停止后，全员停止行进，规则不变，学生在舒缓的节奏中设法去触碰原组同伴，这时的触碰可能是真实的，也可能只是远距离的模拟动作。

（4）学生在随意行走时加上感情反应（表情、手势等），此时的情感反应要及时准确，要加上模拟感情反应，内容可由学生自由设定。

例如："Hi，好久不见"（热情）

"你长胖了。"（直率）

"是吗？我没感觉。"（不喜欢别人说她胖）

"我们去喝杯咖啡。"（诚挚）

"今天不行。"

"噢，真遗憾！"

……

在互动中，两个同学都是主角并进行认真的对话。各组同学的练习可以同时进行，就像在剧场里一样。

☞**教学目的**

（1）培养学生的空间交流感。

（2）进行肢体接触的训练。

（3）培养在想象空间迅速完成任务的能力。

（4）培养平衡感及动作的韵律感。

☞**教学训练2：无声胜有声**

人与人的交流除了肢体之外，眼睛也是十分重要的，它既是接收器也是发射器。把自己的想法通过眼睛来告诉对方，也可以通过眼睛来了解对方。

☞**教学步骤**

（1）学生站成两个圈，一对一面对，学生之间开始进行对视训练，用"瞟、眺、瞅、盯、眯、盼"的方式对视，注意在每种练习的十秒里不要跑神。

（2）全体学生在场内正常行走，教师发出口令，学生停止前进，学员开始与身边的同学进行目光交流，眼神只传递一种信息，如："怨、恨、爱、信任、鼓励、安慰、暗示"等。每种眼神练习的时间为五秒，这种练习进行三四次后，停下来收回目光。

☞**教学目的**

（1）训练眼睛的心灵感应。
（2）训练学生接收对方的信息和相互配合。

☞**教学训练3：感觉的记忆**

感受力是舞台上真实、有机、有效表演的基础，同时也是演员在表演上能够创造出角色体验的基础。

☞**教学步骤**

（1）学生站成两个圈，一对一相对，学生互相触摸对方，观察对方穿什么衣服、什么质地、什么特点，脸是什么样子。

握住对方的手，体味对方手的触感（男或女，柔软或刚硬等）

低声对话，感受音色。

通过嗅觉辨别：香味、烟味、汗味。

这个过程可以持续三分钟。

（2）闭上眼睛，站成两个圈的学生反向行走，教师发出口令，学生停止行动，待学生站好后，学生再互相触摸对方，节奏要缓慢，动作要准确，判断要迅速果断，确认是不是刚才触摸的同一个伙伴。

如果不是，立刻放下手，垂手站立。

如果是，可以说"就是你"，然后睁开眼睛。

如果有人判断错误，导致大家睁开眼睛，练习就必须重新开始。

如果大家判断正确，确定不是刚才的伙伴，教师发出口令，大家继续移动，直到确认找到原来交流的伙伴，立即睁开眼，互相击掌："就是你。"

☞**教学目的**

学会接收对方的信息和互相配合。

☞**课后练习**

讨论：你认为辨认的第一个特征是什么？是性别、体型、语音，还是其他特征？

第三节　判断与节奏

歌舞表演是一个链条，想象力、注意力、判断、适应、节奏、音乐和形体的表演一环扣一环，任何一环出现了空白，都会导致演出的失败。在表演创作中需要不断对持续出现的新信息产生新的判断，从判断产生适应，由适应而产生新节奏。

判断，就是思考。

审美判断是主观的，如花、树、雨、雪等。

逻辑判断是客观的，能提供知识。

而舞台艺术创作中的判断，是人物在一种虚构空间中的假定，是具有更大自由的判断活动或游戏活动，其本身是愉快的，是在假戏真做，每一个假定都要赋予它真实的生命，并且让它拥有呼吸。

☞教学训练1：生日礼物

演员的思考和舞台判断能力是表演的基础，在虚构的情景表演时，能像在生活中一样，做到此时"我就是"，用这种理念去真实判断与思考，去适应新的刺激，展现人物的所思所想。

☞教学步骤

学生进行如下表演：

同宿舍的两个姑娘，A和B，同年同月同日生，平时是非常要好的朋友，互相视若姐妹，不幸的是她们同时爱上了一个男孩，女孩A生日这天，男孩给她送来一个生日礼物，引起了一场感情上的风波。

（背景音乐：生日歌）

A穿上漂亮的裙子，在音乐的伴奏下轻声哼着歌，高兴地对着镜子打扮自己，然后从冰箱里取出准备好的生日蛋糕放在桌子当中，点上蜡烛，再摆上三副餐具，她满意地审视着自己的布置。

门铃响了。（音乐停）

"马上就来！"A整理一下头发，高兴地跑去开门。

室友B高举着一束鲜花，唱着《我悄悄蒙上你的眼睛》，调皮地用鲜花挡脸。

"你这个坏蛋，干嘛不自己进来？"

B："祝你生日快乐！"

"我怕贸然撞进来，看见我不该看的镜头，多不好意思。"

A笑着接过花，"讨厌！"她关上门，嗅着花的清香，把花一枝枝插进花瓶，唱起《鸟儿歌唱花儿香》，边唱边拉起B的手，围着屋子跳起舞蹈来。

歌曲结束，B环视着："嗯，干净、温馨、有气氛，今天我也算一份，我们是两只耗子，你是白天的耗子胆小，我是晚上来到这个世界，是晚上的耗子，胆大。"她舞动着身躯，装扮成耗子的模样，边跳边唱《老鼠爱大米》。

A文静地笑着："别闹了，赶紧去换件衣服吧。"

B："他又不是我男朋友，我忙什么呀，我们来猜猜他会送你什么礼物？"

A："我怎么猜呀，反正他送什么我都喜欢。"

B："要是他送你一枚戒指呢？"

A 害羞地："别瞎说，怎么会？"歌曲《0.5 爱情》的音乐响起，A 唱道："爱情她悄悄来到，空气里有爱的味道……"

B 还想说什么，A 抢先道："再说，我打你啦！"她们嬉笑着，追逐着。

门铃响，她们立刻安静下来了，B 示意 A 去开门。

A（开门）："请进！"

男孩子进来，微笑着向 B 打招呼："Hi！"

B："Hi！"她的神情中闪过瞬间的尴尬，紧接着又掩饰过去。

男孩从背包里掏出一个漂亮的小盒子，他含情脉脉地双手递给 A，歌曲《一定要爱你》的音乐响起，男孩深情地唱道："虽然我们相识的日子还是短暂的，可是我已深深把你来爱了。"

唱罢男孩说道："祝你生日快乐！"。

B（转过身双手捂住眼睛）："这场面太刺激了。"

A 激动地轻声说，"谢谢！"她闭上双眼沉浸在幸福的遐想中，盒子这么大当然不会是戒指，那是什么？

男孩期待地看着她。

A 打开盒子，睁眼一看，惊叫着扔掉纸盒子就往外跑。

男孩紧追出去："你怎么了？"

B 转身，茫然，她不知道发生了什么事，地上有只可爱的小白耗子在惊慌地乱跑，她跪下来，双手捧起，歌曲《熊猫宝贝》的音乐响起，B 唱道："白白的身子，小小的尾，灵活的身体，可爱的眼睛，活泼聪慧，我亲爱的小宝贝。白色的小宝贝……"

唱罢 B 抱起小白耗子说道："啊，小宝贝别害怕，她不是故意地，这家伙不知道她怕耗子，送错人了，害得你摔了一跤。"

男孩颓丧地进来，拿起他的背包准备走，《G 大调的悲伤》音乐响起，男孩唱："我的心、我的情，何时你才能了解，才能明，我的情、我的爱难道找错方向，表错心……"他猛地抬头，看见 B 正满心欢喜地安抚着小耗子，诧异地问："你不怕？"

B："我最喜欢小白耗子。"

男孩一扫满脸地乌云："这是我们实验室实验出来的新品种，她是属耗子的，我原想……"

B："我也属耗……"

《我想更懂你》音乐响起，B 唱："每次你想更懂她，却有了距离，是不是用错了言语也用错了表情……"男："其实我想更懂得，不是为了抓紧，只是想告诉她，我对她的感情……"

A 推门进来，发现他们在亲热地交谈，顿时愣住了，她万万想不到朋友会如此背叛她，很恼火，但又控制住了情绪，她似乎明白了什么。

男孩欲解释："我……"

B 也觉得有点不合适想解释："我……"

歌曲《我的心好冷》音乐响起，A 唱："这城市渐入夜市，当爱情经过，幸福能有多久……"唱罢 A 勉强地浅笑了一下，拿起自己的小包摔门走了……

☞ **教学目的**

（1）训练舞台思考和判断能力。

（2）训练学生感受和适应舞台表演节奏变化的能力。

（3）训练学生身体和精神上的随机处置能力。

（4）训练学生用不同风格的歌曲表达情感的能力。

☞ **注意**

这个训练包含了多重心理和行动的节奏变化——缓慢、激烈，愉悦、恐惧、欢快、愤怒、吃惊、冷静……在这些不同的节奏中演员如何采用不同的声音色彩来表达情感，也是这个训练的目的。在表演创作中，演员还要在适应对手给予的刺激的同时展现人物的思想感情。

☞ **教学训练 2：我告诉你一句话**

☞ **实施步骤**

学生进行如下表演：

早晨，校园广播里放着舒缓的音乐。

朝阳中 A 和 B 分别拿着书，走上舞台，他们很投入地朗诵着。

C 神秘地来到 A 的身边（音乐停），C："Hi, 我要告诉你一件事。"

A 指指手里的文件夹："我正忙着呢，待会儿吧。"

说完他又专心地继续背诵。

歌曲《北极雪》音乐响起，C 唱："遗憾啊，老朋友，你是真没有情趣。"

他又转身到 B 的身边，在他耳边小声唱道："想知道吗，我这里有他的一个，一个惊天秘密。"

B 吃惊地唱道："真的？真的？那是个怎样的秘密？"

C 嘘了一声，指指 A，然后拉着 B 到角落去，他们听着音乐边讲着悄悄话边舞动起来。

B 兴奋地跳起来了："哇！"音乐停。

A 被声音吸引了，好奇地问："'哇'什么？"

B 和 C 没事似的，一脸严肃地说："谁'哇'啦？"

A 对 C：你不是有话跟我'哇'吗？"

C 对 B："我？我说'哇'了吗？"

三个同学从不同方向跑上来，见大家都在，骤然停步，转身欲跑，被 A、B、C 分别抓住拖了回来："跑什么？"

三人一脸无辜："我们跑了吗？"

A、B、C："我也没逮你。"

三个人憋不住，终于低声说出来。

音乐响起。

"哇！"大家在音乐中幸福地互相击掌、欢跳、拥抱："太好了！"

学生也可以做同样的表演练习，但传递的完全是另一句话。

☞ **教学目的**

（1）训练简单的集体节奏感。

（2）训练节奏与声音的配合。

（3）通过做游戏了解节奏。

（4）练习情绪控制。

第四节　想象力训练

想象力是艺术创作的灵魂。

戏剧表演的创作过程，是从分析、认识剧本与角色到进行创作构思。在创作中必然会出现演员与角色的矛盾，如何使演员"化身成角色"，除借助生活体验外，"想象力"是解决这个矛盾的最好途径。

戏剧表演是在舞台时空中进行的，演员能否全身心投入到假定的情景中去？能否对假定的人物关系信以为真？能否真实、有机地生活在假定情境之中？这都要依靠演员的观察力、理解力、想象力、感受力等创作素质，否则就很难创造出一个真实的人物形象。

☞ **教学训练 1：来自音乐的灵感**

音乐是人们抒发感情、表现感情、寄托感情的艺术。法国作曲家柏辽兹有句名言："爱情不可能呈现音乐的意象，但音乐却可以为爱情开启思路。"音乐是感情的言语，它通过人的感官刺激使人感知到美，感知到千丝万缕的感情因素，感知到内心感情的起伏及复杂情绪。

戏剧与音乐有机地结合，可以起到"点石成金"的美妙作用，它对人们的心理影响远远超过戏剧语言。

☞ **教学步骤**

教师选择一些乐曲：民族民间音乐、古典音乐、双簧管独奏、小提琴协奏、交响音乐、轻音乐等给学生们去听，要求学生从音乐中去感受、去产生生活联想。并把在音乐中"看到什么"、"听到什么"、"感到什么"、"发生什么"这些感觉记录下来。

　　一首音乐反复播放几次，让学员们仔细欣赏，认真思索，也许第一遍学员只能感受到音乐的旋律，第二、第三遍才能慢慢理解它的内涵，才能出现内心视像。不要急于寻找艺术结果，要慢慢地去感受这首乐曲抒发的感情。

　　接下来，老师把音量放到最低，让学生在似有似无的音乐中，用舞蹈表演的形式表演刚才在旋律中感受到的、想到的画面或故事。

　　学生依次表演完后，教师再重播这首乐曲。

　　此时教师说，现在大家在音乐厅，听著名音乐家演奏这首乐曲。

　　规定的情景变了，学员要立即适应新的环境，无论是着装还是举止都要符合听音乐会的要求。

☞ **注意**

　　（1）用"心"去体会"乐与情通"的奥妙。

　　（2）演员的想象力应该具有强烈的行动性，构思要有立体感和动感。

☞ **教学训练2：击鼓传花**

　　舞台表演中情节、人物关系等都是虚构的，"虚构为戏"，演员的舞台任务就是以假当真，假戏真做。如果对虚构的情景有了真实信念就会产生相应的情绪体验。

☞ **教学步骤**

　　教师让学员围成一圈坐下，然后把一张写着一句话的便条交给一位学生，教师开始击鼓，学生在鼓声中依次往下传递信件，鼓声停，持信的学生把信打开，根据信的内容，迅速做出自己的判断和情绪反应。

　　教师再次击鼓，学生再依次传递、鼓停、看信、判断、反应……重复刚才的练习，直到教师认为整个训练可以结束为止，然后按照上面的方法进行第二封信的击鼓传花。学生们拆开信后根据信上不同的话可能产生不同的反应，以以下语句为例。

例一：

"我爱你"

（1）"莫名其妙！谁在和我开玩笑？"大度地置之一笑，把信折好。

（2）"噫！是他（她）的信，他（她）终于鼓足勇气向我表白了。"

内心充满了幸福和甜蜜，紧紧亲吻手中的信。

（3）很有兴趣地四处张望："怎么会突然跑出一个求爱的人？"

例二：

"明天下午老地方。"

1. 用手做了个"OK"，表示同意。
2. 思索："这个'老地方'是指的哪？不明不白的。"拿出手机发短信询问。
3. 左思右想，自己并没有这样一个约"老地方"的朋友，肯定是搞错了。

例三：

"你脸上有块黑"
1. 用手去擦，并充满感激地寻找提醒的人。
2. 用手去擦，却发现什么也没有，只是遇到一个喜欢恶作剧的人。

同学们可以随意去假设，也可以和旁边的同学或对面的同学进行交流，这封信可能就是他写给你的，而接收到这个"信息"的同学应该有所反应。

☞**教学目的**

1. 培养学生的感受力与适应力。
2. 培养学生能够真实地、快速地接收对方给予的刺激后的反应。

☞**注意**

1. 选择一个节奏平和的曲调，跟随音乐的节奏传递，以保证情绪不会紧张，紧张的情绪会破坏想象。
2. 在练习时只用动作，不要语言。

☞**教学训练3：音乐故事**

这是一个逻辑想象力的训练，演员的想象力是否丰富，能否在适当的引导下展开，是和演员的生活素养、文艺修养密切相关的，想象力的训练是为了正确认识想象力的特点（行动性）与表演的关系。

☞**教学步骤**

（1）学生们围坐成一个圆圈，开始讲故事，方法是：每个学生唱一句自己准备的曲调，歌词围绕一个词来唱，每个同学的歌词之间要符合逻辑，与前一句构成合理的连接。如第一个孩子唱"美丽的早晨，阳光灿烂，鸟语花香"，第二个学生用自己准备的曲调要唱"我精神抖擞，来到学校操场"，第三个同学唱"操场上热闹非常，有许多学生走在去教室的路上"，按顺序一句接一句地向下唱，最后构成一个故事。

在进行故事连接练习时，大家必须认真倾听前面同学所唱的歌词，该自己唱时要迅速接上，不要停顿思考，怎么想就怎么唱，最后看这个故事是怎么发展的。

（2）一位同学用自己准备的旋律，自己填词，唱一个想象中的故事，讲到中途，教师拍手叫停，由下一个同学用同样的方法接力唱下去，从左到右，一个接一个，直到形成一个完整的故事。

表演时要求，音乐与音乐之间衔接合理，故事情节不要离开原有的主题，但要有自己的想象发展。

☞**教学目的**

  （1）训练合理的逻辑思维。
  （2）训练注意力的集中和反应力的迅速。
  （3）训练放松和融入团体的思路。

☞**注意**

  （1）故事要生动，要有一定的矛盾冲突、悬念。
  （2）注意听别人的讲述，但不必紧张。这只是一个故事。

第五节　即兴歌舞表演

  即兴表演是指表演者表演在普通的日常生活中没有经过长久酝酿的作品。即兴表演亦即表演者自然而然的行为。
  在舞台表演时，即兴表演又可以使表演者学会如何驾驭本能和集中注意力。
  表演者往往是在开始表演前才会被给定某个命题。表演者在指定的某种环境下酝酿感情，组织表演的音乐素材、语言及动作，其结果是使得表演者和表演伙伴甚至老师都感到吃惊。在这里"吃惊"的概念尤为重要，因为它居于表演者发挥和表演的核心位置。但是，要注意表演同时必须在创作的基础上，讲述一个符合自然或是荒诞的故事。
  如何展现表演者从未经历过的场景？这常常是即兴表演者试图回答和解决的问题，然而对于这个问题，通过前面的一整套训练，是可以从结构上给予有效的、主动的、有力的回答的。
  在即兴表演中，由空间、接触、音乐、语言以及人物关系等构成了舞台表演的基础，一名演员越是重视即兴表演并从中汲取经验，他就越能够在演出时发挥得得心应手。
  将"即兴歌舞表演"放在训练结束后进行，是作为舞台表演的有效补充，也可以检验学生对前面表演元素的理解程度。

☞**教学训练1：自画像**

  生活是进行角色构思的基础，但在角色构思中演员的主观因素又起到重要作用，它往往决定着一个角色的基调。

☞**教学步骤**

  （1）自画像：
  教师提供纸张和各种笔。
  每个学生最多用20分钟的时间，画出一张想象中自己的自画像。需要明确，这里的自画像不是写实意义上的自画像，只是对这一时刻表演者的刻画。

当自画像完成后，表演者再在画卷旁边添上几个形容词，用于描绘和强调自画像。

（2）我来跳舞：

用舞蹈语言来表现情景也是歌舞表演中一个十分重要的能力。

全体学生面向舞台就座，根据顺序，学生依次进行舞蹈，展现自画像中的自己。这些舞蹈的身体运动，应该源自"自画像"和相关的描绘性形容词。一旦身体运动，舞蹈就不再经过思考，完全是无意识地随着想象去开展。

（3）舞蹈结束：

舞蹈结束后，表演者回到观众席，教师提问：

"你对自己在舞蹈中的感觉是什么，有没有感到惊讶的地方。"

"对于你自己的运动，你感到满意或者不足的地方在哪里？"

☞ **教学目的**

（1）发掘自信。

（2）认识自我及了解他人。

（3）自我角色训练。

（4）舞蹈表现角色的训练。

☞ **注意**

观众作为演员的伙伴，应该保持安静，这样也有利于演员的下次表演。

☞ **教学训练2：地铁里**

表演艺术是塑造人物形象的艺术，千人千面，只有真正地感受生活，才能创造出具有鲜明个性的人物。

☞ **教学步骤**

（1）这是一次非常生活化的即兴歌舞小品练习。教师只需告诉大家这是某个地铁站就可以，不作任何情节、人物的假定，让学生自由发挥，主角可以是自己，也可以是你记忆中的某人。

（2）小品是从列车进站前—进站—乘客上车—运行直到到站，短短五六分钟内完成。

地铁每天吞吐着最复杂的人流，地铁里的乘客没有高低贵贱之分，这些不同职业、不同生活形态、不同年龄、不同目的、不同容貌、不同心情、不同身体状态、不同目光、不同姿态、不同表情的群体，突然汇集在一辆列车、一个车厢里，被载到某一个地方，又各自分散，互不相识，也不必相识，也可能相识……地铁像汪洋大海让人不知深浅，我们也时时刻刻在这汪洋大海中游来游去。现在停下来观察一下，地铁可是人物素描最丰富的宝库。

（3）全体学生用五分钟给自己角色定位，同时准备调动一切表演手段去塑造一个典型人物，挑选和设计最能体现人物形象的音乐曲调，残疾人、卖唱的、情人、病人、酒鬼、上班族……用不同的音乐表现不同的人物形象，用不同的舞蹈语言表达不同的人物特征。

（4）老师掌握列车进站、开门、关门、运行的音响效果，同时不断地在表演中制造各种麻烦，例如：大喊："钱包被偷了。"看见一个丢失的提包喊："这里有炸弹！"看见某个人脸色苍白会即刻大叫："快停车！这个人快死了！"

（5）随着老师的口令，表演者应立即适应，并改变自己行动的节奏和任务，同时要根据新的行动节奏改变所用音乐和舞蹈。

☞**教学目的**

（1）在表演训练即将结束之前，让学生调动以前所学习过的表演元素做一次有机的运用。

（2）唤起生活记忆，身临其境地去感受所处的规定情境。

（3）运用之前所学的歌曲、舞蹈综合表现人物形象。

（4）把注意力集中在自己行动的合理性上，塑造一个真实的人。

☞**注意**

（1）避免故意哗众取宠制造效果，要注意行动的逻辑性。

（2）要为自己设计人物形象。

第六章 吟　　咏

第一节　吟咏的概述及意义

所谓"吟咏"，就是按照一定的韵律、节奏，运用声音、气息，带有一定情感咏诵古典诗词的方法。诵读吟咏，是读者欣赏诗词的最好途径，是诗人进行诗词创作的基本功之一，也是语文教师进行诗歌教学的重要基石。

吟咏一词，最早见于《诗大序》："吟咏情性，以风其上。"唐孔颖达在《毛诗正义》中解释说："动声曰吟，长言曰咏。"可见吟咏是伴随着诗歌的产生而产生，其历史悠久而绵长。

一、吟咏的渊源

诗词可以被"吟"，是我国诗词一个重要的特点。这个特点的形成，与诗歌的产生、发展、定型有着密切的关系。

上古时期的诗歌虽然没有文字记载，但我们从现存的零散的上古时期古诗歌中，可以断定那时的诗歌是可以歌唱的，理由如下：

（1）在上古时期，前人在创作诗歌的时候，从命名上就认证了诗歌的可歌唱性，如《弹歌》、《举重劝力歌》等，这些诗歌本身就是用来歌唱的。

（2）前人在叙述诗歌的创作过程时，就已经表现出诗歌是可以歌唱的特质，如《吕氏春秋》在叙述"侯人兮猗"的创造过程时说："女乃作歌"，说明《吕氏春秋》的作者认为"侯人兮猗"是诗，也是歌。

（3）有些诗歌虽然没有从命名、创作过程中表现与歌唱有关，但我们分析发现，它们都是用来表现巫祝活动的，如《蜡辞》就是一首古时驱虫除害的咒语，凡是巫祝活动都与歌唱有着密切的关系。华钟彦先生《戏曲从谭》说："概闻歌舞之起，原本与巫。"《说文解字》里解释"巫"为："祝也，女能事无形，以舞降神者也，象人两袖舞形。"巫在神祇面前是要载歌载舞的，因此，凡是与祭祀有关的诗歌，都是可以用来歌唱的。

（4）《诗经》的问世，标志着我国诗歌创作的一个高峰时期的到来。众所周知，《诗经》本身就是合乐而唱的。《墨子·公孟篇》中明确地说明了《诗经》有"诵诗三百，弦诗三百，歌诗三百，舞诗三百"，可见《诗经》可以一边朗诵、一边配乐、一边吟咏、一边歌唱。在当时,《诗经》不仅可以演唱,还有几种不同唱法,一种是乐工们为王公贵族在宴飨祭祀时所演唱,一种是贵族文人自娱自乐时的歌唱,这两种唱法虽然都有传播《诗经》之功效,但由于其传播面较小,所以其影响也是有限的。而吟咏,作为一种读书方式,简单易学,便于操作,在《诗经》的传播上起到了重要的推广作用。

(5)《诗经》之后,我国的诗歌创作一度陷入低潮,直到《楚辞》的问世,诗歌创作才迎来了再度辉煌。尽管这一时期的诗歌创作极少,但有限的诗歌依然继承了上古时期的传统,还是可以歌唱的。例如《论语》有:"楚狂接舆歌而过孔子曰:'凤兮凤兮!何德之衰?往者不可谏,来者犹可追。已而,已而!今之从政者殆矣!'孔子下,欲与之言。趋而辟之,不得与之言。"《战国策·齐策四》有:"居有顷,倚柱弹其剑,歌曰:'长铗归来乎!食无鱼。'……居有顷,复弹其铗,歌曰:'长铗归来乎!出无车。'……后有顷,复弹其剑铗,歌曰:'长铗归来乎!无以为家。'"从以上我们可以看出,无论是接舆还是冯谖都是在唱自己的歌,所不同的是接舆是徒歌,也就是清唱;冯谖是弹铗而唱,就是以弹铗之声作为自己歌唱的伴奏,说明这个时期的诗歌是可以歌唱的。

(6)乐府诗歌可以歌唱,更是不言而喻的。乐府产生于秦代,自它诞生的那一天起就与音乐结下了不解之缘,20世纪90年代在陕西出土的秦代镛钟,上面铸有"乐府"二字,足以说明与秦代的乐府有着密切的关系。时至汉代乐府诗在政府的主导下蓬勃地开展起来,形成了我国又一个诗歌创作的高潮,汉代乐府诗歌本身就是来自民间,经过音乐家改造成了能演唱的歌诗。

(7)唐代的诗歌也是可以歌唱的,白居易有诗:"相逢且莫推辞醉,听唱阳关第四声。"韩愈说:"君歌且休听我歌,我歌今与君殊科。"杜甫更有"陶冶性情存底物,新诗改罢自长吟。"都说明了唐代的诗歌是可以唱的。

(8)无论是宋代的词,还是后来的曲都是可以演唱的,平时我们说"唱词",是因为词的前身就是曲子词,至盛唐时期,词的演唱已经十分普遍,非常成熟了。"曲"确切地说,始终把演唱的功能放在首位,没有过多地看重其文学性和艺术性,因此,曲的演唱功能非但没有消失,反而还有所拓展。

综上所述,从上古时期的诗、乐、舞三位一体,到《诗经》、《楚辞》,诗词都是可以歌唱的,诗歌在娘胎里就与音乐合为一体,密不可分,并相伴发展。

二、吟咏的意义

诗歌,其生命就在于其音乐性。这种凝固的生命气息,就应该用吟、用唱、用声音来打开它。

从古至今,吟咏就一直是一种必不可少的语文学习手段,尤其是古典诗歌,讲求韵律节奏,具有一种独特的音乐美。这种音乐美本身是诗人复杂多样的情感在诗中的自然流露,是"音乐和有趣的思想的结合",它能直接通过声音的抑扬顿挫、缓急疏密等韵律节奏传达出极为丰富的情感。"其要义在于通过对作品音声节奏的感受,由文入情,由文本世界进入作者世界,达到与作者神气相通、心灵感应的审美境界。"缺少诵读,是无法感受古诗的音乐美的,也无法感受蕴藏在这种音乐美中的诗人情感。如曾国藩所说:"非高声朗诵则不能得其雄伟之概,非密咏恬吟则不能探其深远之韵。"所以学习好诵读吟咏,加强诵读吟咏在古诗教学中的教学比例,是学习好古典诗词的必要途径。学习吟诵的重要意义具体表现在以下几个方面:

1. 用各种手段唤起学生的审美直觉

语言教学中唤起学生审美直觉最有效的方法就是把可视文字符号变为听、视觉联动的信息。美国教育家帕克说过,"感觉是我们进入审美经验的门户"。学生只有通过诵读和吟咏进入审美意象的感知,才能在头脑中留下一个个美的印象,进而产生美的愉悦感,达到一种美的和谐。夸美纽斯在《大教学论》中明确指出:"在可能的范围内,一切事物应尽量地放到感官的跟前。假如有一个东西能够同时在几个感官上面留下印象,它便应当和几个感官去接触。"诵读吟咏之法正是能够调动多种感官的一种学习方法。宋代理学家朱熹在《童蒙须知》中说:"余尝谓读书有三到:谓心到、眼到、口到。"这"三到"的说法是与现代心理学的观点相符合的。吟咏的时候除了心到、眼到,更需口到。它是出乎口,入乎耳,了然于心的过程。正如叶圣陶所说:"语文学科不该只用心和眼来学习,须在心和眼之外,加用口和耳才好,吟诵就是心、眼、口、耳并用的一种学习方法。"在诵读过程中,四种器官整体作战,缺一不可。

2. 学会以声表情,以情带声

要吟咏得好,必须对书面语言有情感体验。然后通过声音艺术技巧表达出来。诵读表达的感情负载于有声的艺术语言中,产生听觉形象。又由耳到脑反馈给诵读者感受和判别,以调整继续诵读的行为、技巧,再进一步作用于诵读者,加深情感体验。实际上,诵读的过程,既是用声音准确表达读物意义的过程,也是反复体验读物感情从而准确表达读物情感的过程。在这个过程中,诵读者可以强化对读物的情感体验,受到读物的强烈感染。

吟诵可以把诗中的语气、语调、语势、韵律、节奏、抑扬顿挫、轻重缓急等这些在书面语中无法表达出来的语感因素表达出来,使无声的语言变成了有感情、有灵气、富于感染力的声音,从而使学生全方位、立体地感受语言材料。在反复吟诵过程中,学生的想象、联想、体验和感受就会被有感染力的声音所引发,陶醉在诗歌创造的意境中,沐浴在诗人的情感世界中,以至达到刘大櫆所说的"不知是人之文,我之文也"的境界,吟诵者仿佛成了诗人,在切身感受着诗人所感受的一切,这样诗人在表达这些感受时其遣词用句的独特、精妙,韵律的和谐,意蕴的深远、精微,修辞的生动、形象等丰富的语感因素都在潜移默化中反复冲击着吟诵者的感官,影响着他的思维、情感,塑造着他的语感,所以无论鉴赏古典诗歌还是新诗,吟诵都是最有效的引领学生品味诗的语言,走进古诗的审美境界的重要手段。

☞课后练习

(1)分析古诗《关雎》,找出例证,证明《诗经》是可以用来吟咏的。

（2）学习吟咏骆宾王的古诗《咏鹅》，体会朗读与吟咏对诗歌的情感体验及表达有什么不同。

第二节 吟咏中四声的处理

诗歌是凝固的声音，它本身固有的四声就像歌曲一样，有音高、节奏，可形成自己的旋律，把握诗歌中的四声，是进行诗歌吟咏的基础。四声是汉语本身固有的语言规律，古时期专指"平、上、去、入"。

1. 平声

用符号"—"来表示，在表达情感上一般具有中性的特点，有亲密、平和的色彩，在古代诗歌中常表现幼子的叫声。

2. 上声

用符号"∨"来表示，有时用来表现大小、多少、高矮等反义词，有时表示称谓，如"爸爸、妈妈、奶奶"等，用在诗文的长音中就有委婉温柔的含义。

3. 去声

用符号"＼"来表示，有坚决、明确的感情色彩。

4. 入声

用符号"！"来表示，读起来短促，起到强调的作用，可以表达痛苦、决绝、快速及轻灵的情感。

☞**教学训练1：学习诗歌中四声的音乐表达**

☞**实施步骤**

（1）教师让学生写出自己的姓名，并标注出四声，例如：任瑞佳、井一然、夏宁远、王双，标注图形如图6-1至图6-4。

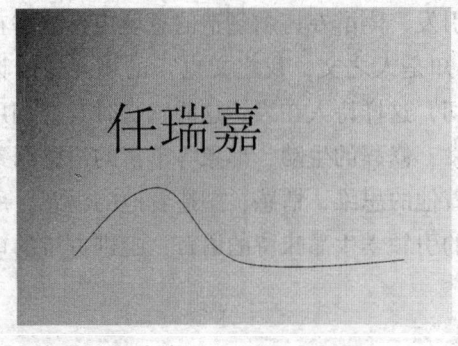

图6-1 "任瑞嘉"四声图

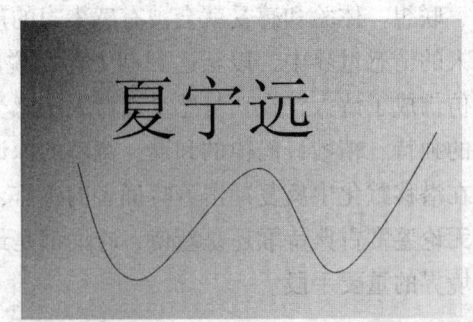

图6-2 "夏宁远"四声图

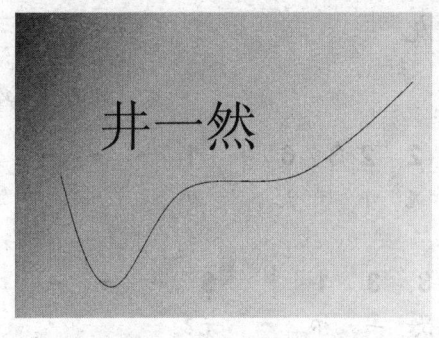

图 6-3 "井一然"四声图

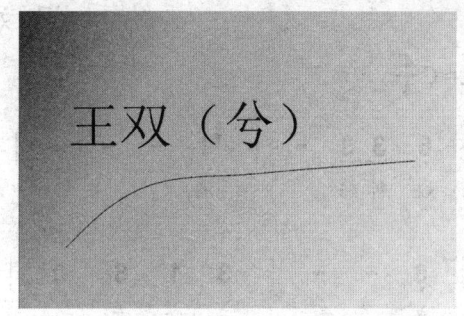

图 6-4 "王双"四声图

（2）让学生根据自己名字产生的类似于旋律线的声调线条唱自己的名字。要求：①音高走向与旋律线相互吻合；②气息稳定，音色干净。

（3）让学生按小组组合，每个小组成员以接龙的方式，各自唱自己的名字，加上连接词，形成每个小组各自的歌。例如："任瑞佳、井一然、夏宁远、王双……今我语三，学海节观，亲师伴友，同进同欢。"

☞ **教学目的**

让学生在练习中，体会四声在表达情感上的作用，初步建立读书就是依字形腔、依腔行调，读书就是唱歌，就是唱自己的歌的观念。

☞ **教学训练 2：吟咏古诗《问刘十九》**

问 刘 十 九

（唐）白居易
绿蚁新醅酒，红泥小火炉。
晚来天欲雪，能饮一杯无。

☞ **教学步骤**

（1）体会诗歌情感。

（2）为诗歌标注四声。

（3）根据标注的四声，用手画四声图谱，有韵律地舞动起来。平声：手画平线；仄声：手画竖线；入声：手画点。舞动时要求：手臂抬起，这样动作起来，一来优美舒展，二来利于胸腔打开，便于发声。

（4）跟着歌谱，学习吟唱诗歌

问刘十九

译谱 匡雅玲

```
1=C 4/4

3 6 3 3 - | 6̇ 1 - - - | 2 3 2 2 3 6 | 2̇ 1 - - - |
绿 蚁 新 酷      酒,         红 泥 小 火 炉

3 6 - - | 3 1 6 0 | 6̇ 3 3 3 1 | 6̇1 6 - - - ‖
晚 来      天 欲 雪,   能 饮 一 杯      无?
```

☞ **教学目的**

（1）体会诗歌吟唱中平声及入声的情感,学习用旋律来表达诗歌中的平仄声。

（2）学习用气息来表现诗歌的情感。

☞ **注意**

近体诗对平仄的处理要求比较严格,要求遵循平长仄短的原则,第一个字是平声字的称平起诗,吟咏时要求遵循：

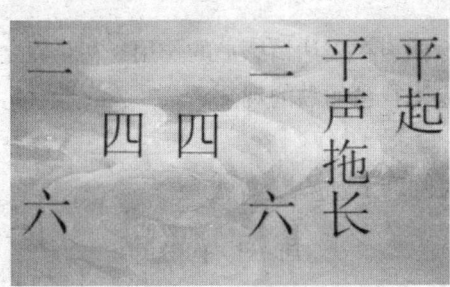

《问刘十九》是一首平声起头的诗歌,吟唱时要遵循其相关的原则。

☞ **备注**

诗歌吟唱的旋律,是根据诗歌本身的四声进行的创作编排,本教材也是根据此原则,尽量用音乐的记谱法,将诗歌吟唱呈现给大家,期待能帮助初学者在吟唱的过程中尽快地吟唱起来。

☞ **教学训练3：吟咏汉乐府《江南》**

江 南

江南可采莲,莲叶何田田。鱼戏莲叶间,鱼戏莲叶东,鱼戏莲叶西,鱼戏莲叶

南，鱼戏莲叶北。

☞ **教学步骤**

（1）让学生标注诗歌的平、仄、入的标记。
（2）用手部律动的方式朗读诗歌。
（3）让学生跟谱吟唱诗歌。
（4）让学生为诗歌编排舞蹈表演动作，边表演，边吟唱。

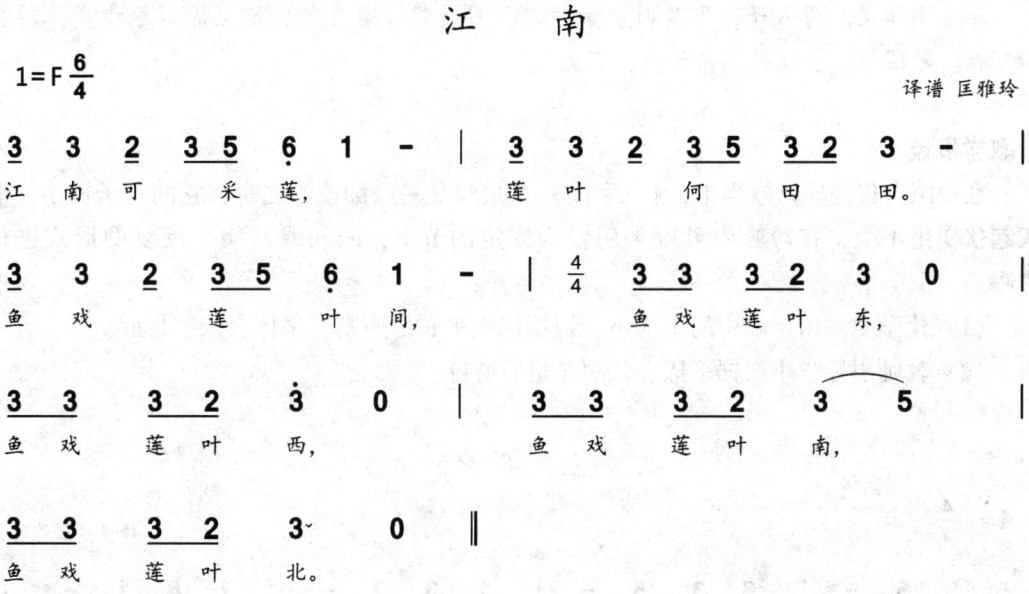

☞ **教学目的**

（1）进一步巩固平仄声在音乐中的表达方式。
（2）特别体会入声在这首诗歌中所表达的情感。
（3）学习用跳音及休止的方式来演唱仄声。
（4）练习用舞蹈来表现诗歌。

第三节　吟咏中的节奏

节奏是音乐的灵魂与骨架，诗歌中是否存在节奏，诗歌吟唱能否遵循某个节奏，是我们吟咏诗歌需要考虑和解决的问题。

诗歌有没有节奏呢？上一章节我们学习了诗歌中的平仄声的歌唱，我们发现，前人写律诗或绝句之所以那么讲究平仄，无非是加强诗的音乐节奏感，平仄相间相重的排列，与音乐歌唱中音节的强弱、轻重、长短相间相重的旋律相近似。诗人为了加强诗的节奏美与音乐效果，有意重复音节，起了反复回环的作用，我们吟咏时把握诗歌的内在节奏，是吟咏好诗歌的关键。

教学训练1：吟咏《三字经》

三 字 经

人之初，性本善。性相近，习相远。苟不教，性乃迁。教之道，贵以专。昔孟母，择邻处。子不学，断机杼。窦燕山，有义方。教五子，名俱扬。养不教，父之过。教不严，师之惰。子不学，非所宜。幼不学，老何为。玉不琢，不成器。人不学，不知义。为人子，方少时。亲师友，习礼仪。香九龄，能温席。孝于亲，所当执。融四岁，能让梨。悌于长，宜先知。

教学步骤

在中国古代经典诗歌当中，《三字经》是最浅显易懂的读本之一，它的句子短小，平仄起伏变化不大，在吟咏中可以采用较为固定的节奏，四句或八句一反复的形式进行吟唱。

（1）让学生画出诗歌中的平仄声，根据仄短平长的原则，来体会依字行腔。

（2）教师引导学生根据平仄、长短来进行吟咏。

三 字 经

译谱　匡雅玲

$1=F \frac{4}{4}$

```
3̱ 5  3  5  - | 6̄ 6 3  5̄ 5 - | 6̄ 6 1  3  2  - | 2̄ 2 1  6̣  1  - |
人 之 初，    性 本 善，    性 相 近，    习  相 远。

3̱ 5  5  6̄ 5  - | 6̄ 6 3  5̄ 5 - |  6̣  1  5̱ 3  - | 2̄ 2 1  6̣  2̄ 2 1 - :||
苟 不 教，    性 乃 迁，    教  之 专，    贵  以 专。
```

要求

（1）分析旋律的节奏特点。

（2）分析旋律的曲式特点。

（3）采用这个旋律，以八句为一个段落，吟唱后面的诗句。

教学目的

（1）学会分析诗歌的句子中的平仄，根据其仄短平长的原则，结合诗歌的意思，找出诗歌的节奏。

（2）学习用气息来推动声音的流动，将诗歌吟咏得优美流畅。

☞思考题

对《百家姓》进行吟咏，可以将《三字经》的曲调运用到《百家姓》中，也可以根据自己的理解进行吟唱。

百 家 姓

赵钱孙李　周吴郑王
冯陈褚卫　蒋沈韩杨
朱秦尤许　何吕施张
孔曹严华　金魏陶姜
戚谢邹喻　柏水窦章
云苏潘葛　奚范彭郎
鲁韦昌马　苗凤花方
俞任袁柳　酆鲍史唐
费廉岑薛　雷贺倪汤
滕殷罗毕　郝邬安常
乐于时傅　皮卞齐康
伍余元卜　顾孟平黄

☞课后小结

古典诗歌中有许多字数短小、节奏均匀的篇目，我们可以找到诗歌的节奏特点，将固有的旋律稍加变化，用它为新诗歌篇目进行配乐、吟唱。这样便利的吟唱方式使吟唱更加易于推广。

☞教学训练2：吟咏《咏鹅》

咏　鹅

（唐）骆宾王
鹅，鹅，鹅，
曲项向天歌。
<u>白</u>毛浮<u>绿</u>水，
红掌<u>拨</u>清波。

☞教学步骤

(1) 画出诗歌的平仄声。
(2) 用手画平仄声进行朗读。
(3) 诗文中加下划线的字为入声字，体会这样唱在表达作品时的作用。

(4) 根据入短平长的原则吟唱诗歌。

咏 鹅

1=F 4/4

译谱 匡雅玲

```
5 - 6 - | 5 - - - | 6 6 5 3 2 | 1 - - - |
鹅   鹅   鹅,        曲 项  向 天 歌,

2 2 6 5 3 | 2 - - - | 5 6 2 3 2 | 1 - - - ‖
白 毛 浮 绿 水,       红 掌 拨 清   波。
```

☞**教学目的**

这首诗歌的平仄声虽然不是十分规整，但在吟唱的过程中，也可以通过对长音进行节奏调整，达到整首曲调和谐规整的目的。

☞**课后小结**

(1) 学习在诗歌节奏不规整的情况下，运用加长平声达到和谐规整的目的。

(2) 在吟唱时注意咬字的技巧运用，例如：在唱"鹅"字时，要求以气推声，发声位置集中，这样发出来的声音会绵长而饱满。

第四节 吟咏中的歌唱技巧运用

吟咏由来已久，且与音乐演唱关系密切，那么吟咏与歌唱有什么异同，怎样才能更好地运用歌唱技巧，进行诗歌吟咏呢？

从现代文献上来看，吟咏与音乐演唱密不可分，甚至可以说吟咏就是音乐演唱，音乐演唱就是吟咏。

吟咏既然是歌唱，我们在吟咏的过程中就要运用相应的发声技巧。吟咏中要求吟咏者做到：

(1) 咬字：字头要清晰、叼住，字腹饱满、撑开，字尾收音绵长。

(2) 气息：气韵绵长、深厚广博，在吟咏过程中"用气不用力"，也就是说在吟咏的过程中要放松喉头，腹壁立定，用气息推动声音的前进，让吟咏的歌声圆转自然，悦耳感人。

☞**教学训练1：咬字及长音练习**

☞**教学步骤**

(1) 咬字的练习

橄榄音的练习

根据咬字发声时长音的位置，我们把橄榄音分为前橄榄音、中橄榄音及后橄榄音，每种不同的橄榄音，在表现诗歌作品时，反映的情感是不同的。

用以上三种橄榄音练习，体会其不同的声音色彩。

guang
!＿＿＿＿

（2）长音练习

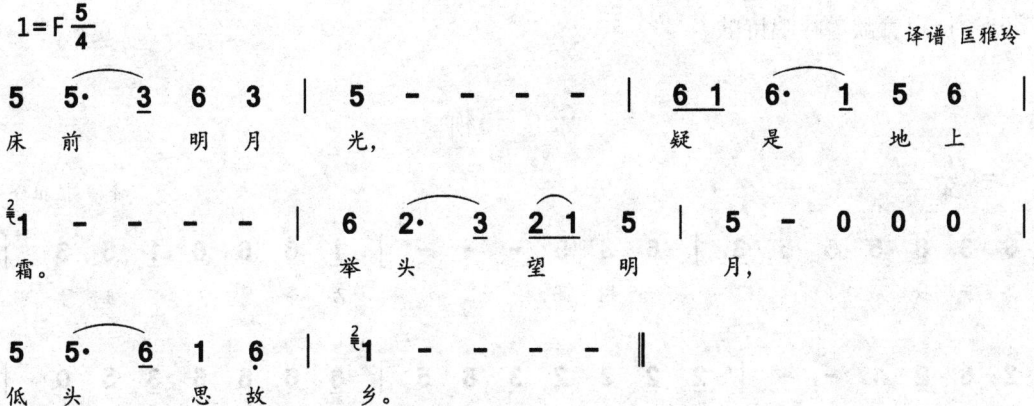

☞**要求**

这首诗歌在吟唱的过程中，有许多五拍子的长音出现，要求在演唱时做到：

（1）气息均匀连贯。

（2）运用气息，将尾部的长音唱出强弱变化的橄榄音来。

☞**教学目的**

（1）学习在吟唱的过程中使用橄榄音，让吟唱的声音更加圆转绵长，具有流动性。

（2）练习运用沉稳的气息演唱长音。

吟唱中入声的处理是其独具特色的地方，入声的演唱要求声音短促。在吟唱时，入声有时要处理成声段气连，有时要处理得干净利落，这样吟唱出来就会具有或轻巧、或有力的感情色彩。

☞**教学训练2：入声在吟唱中的技巧**

咏 柳

（唐）贺知章
碧玉妆成一树高，
万条垂下绿丝绦。
不知细叶谁裁出，
二月春风似剪刀。

☞**教学步骤**

（1）请学生为诗歌的入声做上标记。
（2）用手画平入声的方式朗读诗歌，体会入声的作用。
（3）跟着歌谱吟唱诗歌。

咏 柳

译谱 匡雅玲

$1=C \dfrac{6}{4}$

```
6 3 6 5 5 5 3 | 6 3 5 - - - | 1 6 6 6 1 5 3 |
碧 玉 妆 成     一 树 高，      万 条     垂 下

2 6 2 1 - - | 2 2 2 2 3 6 5 | 6 6 6 6 3 5 0 |
绿 丝 绦。    不 知   细 叶 谁 裁     出，

1 1 1 1 6 5 3 | 2 6 2 1 1 1 1 ‖
二 月   春 风 似 剪 刀。
```

☞**要求**

（1）体会歌曲中顿音的唱法。
（2）体会带休止符号的句子唱法。
（3）学习用声断气的方式及休止的方式吟唱。
（4）比较以上两种吟唱法在表达作品中的异同。

☞**教学目的**

（1）学习用顿音、休止的方式吟唱入声。
（2）学会对不同的入声采用不同的歌唱法。

☞ **课后练习**

吟唱以下诗歌，练习用诗歌吟唱的四个步骤吟唱诗歌。

赠 汪 伦

1=C 4/4

译谱 匡雅玲

6561 55· 6561 2 | 116 5 561 216 | 5 - - - |
李白　乘舟　将欲　行，　忽闻　　岸上　踏歌　　声。

535 3 6561 55· | 6 6561 55· 3561 | 5 - - - ‖
桃花　潭水深千　尺，不及　汪伦　送我　　情。

春 望

1=C 3/4

译谱 匡雅玲

6561 55· 6 | i3· 561 565 | 3i· 6556 6 |
国破　山河　在，城春　草木　　深。感时　花溅　泪，

6i 2 2i6 5 | 62 2i6 6 | 553 561 565 |
恨别　鸟惊　心。烽火　连三　月，家书　抵万　　金。

i3 55· 6 | i3 5 35 6i56 | 5 0 0 ‖
白头搔更　短，浑欲　　不胜　　　簪。

望庐山瀑布

1=C 4/4

译谱 匡雅玲

6̣ i66 53· | i· 6i 6 - | 66 53 56 | 56 53 32· |
日照香炉　　生紫烟，　遥看　瀑布　挂前　　川。

22 1 33 | 53 33 3 | 53 32 1 6· | 2 22 16 5̣ ‖
飞流　直下　三　千尺呐，疑是　银河　　落九天。

登 高

译谱 匡雅玲

1=C 4/4

6 5 6 1 5 5· 6 5 6 2 2 | 2 1 6 5 6 5 6 1 2 1 6 |
风 急 天 高 猿 啸 哀， 渚 清 沙 白 鸟 飞

5 1 3 5 3 6 5 6 1 | 5 5· 6 6 6 2 2 1 6 |
回。无 边 落 木 萧 萧 下，不 尽 长 江

6 5 6 1 5 6 5 5 — | 3 5 6 1 5 5· 6 5 6 2 2 |
滚 滚 来。 万 里 悲 秋 常 作 客

1 1 6 5 6 5 6 1 2 1 6 | 5 3 3 5 3 6 5 6 1 |
百 年 多 病 独 登 台。艰 难 苦 恨

5 5· 6 6 5 6 1 5 5· | 6 5 6 1 5 6 5 5 — ‖
繁 霜 鬓，潦 倒 新 停 浊 酒 杯。

参 考 文 献

[1] 郁达夫研究资料（上册）[M]. 天津：天津人民出版社，1982.
[2] 郁达夫小说集———出版者的话 [M]. 杭州：浙江人民出版社，1982.
[3] 郁达夫文集（卷五）[M]. 广州：花城出版社，1982.
[4] 华锋. 吟咏学概论 [M]. 郑州：大象出版社，2013.

参考文献

[1] 阿瑟·谢尔顿. 汽车电工学(上册)(第10版). 天津:天津科技出版社, 1982.
[2] 竹内正夫. 汽车电气——电器装备设计、制造、使用. 北京:北京人民出版社, 1982.
[3] 桑德斯杰瓦. 汽车电气(第Ⅰ册、第Ⅱ册). 上海:上海科学技术出版社, 1982.
[4] 王保华. 汽车电气设备. 北京: 机械工业出版社, 201.